如何结交比你更优秀的人

NETWORK UP

把高端人脉变为优质人生资源

康妮 著

中信出版集团 | 北京

图书在版编目（CIP）数据

如何结交比你更优秀的人：把高端人脉变为优质人生资源 / 康妮著 . -- 北京：中信出版社，2019.4（2025.4 重印）
ISBN 978-7-5086-9938-7

I. ①如… II. ①康… III. ①人际关系学－通俗读物 IV. ① C912.11-49

中国版本图书馆 CIP 数据核字（2019）第 014698 号

如何结交比你更优秀的人——把高端人脉变为优质人生资源

著　　者：康妮
出版发行：中信出版集团股份有限公司
（北京市朝阳区东三环北路 27 号嘉铭中心　邮编　100020）
承 印 者：北京通州皇家印刷厂

开　　本：880mm × 1230mm　1/32　　印　　张：9.5　　字　　数：160 千字
版　　次：2019 年 4 月第 1 版　　印　　次：2025 年 4 月第 21 次印刷
书　　号：ISBN 978-7-5086-9938-7
定　　价：49.00 元

推荐语

Amy Zhan niwo 成长学院创始人

“人脉”，“结交”，最开始看见这些词会让人联想到很多与人沟通、人脉搭建的“实际”的技能。真正走近康妮，走近她《如何结交比你更优秀的人》这本书，你会发现远远不止于此……你相信一个人能改变你的一生吗？如何寻找到这个人，并让自己的人生改变，这本书里有答案。

安柏 女性精神成长导师，作家

一个人不管是事业的成功，还是生活的欢乐，80% 归因于与别人相处，20% 才是来自自己的心灵。在我们所处的社会，人脉就是竞争力。康妮是我生命中的贵人，也是我见过的最真诚的人脉专家。相信读了她的这本书，你会与优秀的人同行，坐看云起，山明景秀。

陈茹 中国网络视频研究中心执行总监，中美清洁能源合作组织荣誉顾问

这是一本极有益的人脉社交指南。它不但能解答人脉关系中固有的疑问和顾虑，也能在东西不同文化的社交实践中，提供可借鉴和使用的必胜之法。打开它，就打开了全新的人脉之路。

非非马 领英专栏作家

这本书可以让那些在心理上原本很抵触“人脉经营”这个理念和语汇的人，重新认识人脉拓展与维护的问题，打开新的视角，填补认知盲点，消除一些成见。相信不同的人读后都会有自己的收获。

高琳 有意思教练 CEO

人脉在当今社会中的重要性不言而喻。在我 20 多年的职业生涯中，也有无数的贵人帮我从职场小白一步步成为企业高管和创业者。

康妮拥有丰富的职场经验，深谙中美文化，然而最让我佩服的是她人脉的广度和多样化，从世界 500 强的高管到世界各地著名餐厅的大厨。

这本书有道有术，通过大量生动有趣的故事，教你如何一步一步地成为人脉达人，也从心理的层面帮助你克服过程中的恐惧。相信每个人读完，都能够向人脉达人又迈近一步。

虎皮妈 作家、编剧、律师

“如何才能让自己受欢迎”是我青春期特别困惑的一件事。因为特别羡慕那些“会搞关系”，能在极短时间内和人把酒言欢、勾肩搭背的人，我做过很多勉强自己的努力，但效果都很一般。

成长后才意识到，自己是这本书里所说的“内向者”，而看完康妮的这本书，才更深刻地认识到，人脉建立并不简单等同于“搞关系”，也并不是外向者的专利。推荐像我一样的“内向者”都来读一读这本书，根据书里的步骤做一做。我们并不需要成为别人，也可以建立健康的人脉。

林立军 正心谷创新资本合伙人、汇添富基金创始人

康妮是我哈佛商学院的同学。这本书道出了她被大家喜爱并且事业成功、家庭幸福的秘密。康妮真诚地展示出了建立成功人脉的道和术，按此生活，您不仅将获得优秀人脉的助力，更将获得更积极、快乐、充满激情的自己！

李青青 合得教育创始人

早就感觉康妮有些特别，直到翻开这本书才恍然大悟。首先引起我兴趣的是“依靠人脉，我成了学霸”，一口气读下去，听她娓娓道来，宛如见其人，不知不觉你就会喜欢上她，也会感恩她的分享和指引。

举实例介绍一盏茶社交、五分钟社交等 tips，很好地贯穿运用了书中陈述的核心理念，真诚、好奇、赞美、知己知彼，给他人创造价值等。这本书不但适合职场人士和年轻学生，对那些为人父母者早期培养孩子社交能力应该也很有帮助。

李相勋 Formation Group 大中华区代表

除非你生活在一个无人岛上，不然你一定会受到周围人的影响。简言之，人脉管理是通过自身努力让周围人友好地、正面地影响并帮助你的生活习惯。

作者康妮在这本书里告诉你她在国内外、职场及家庭生活当中的亲身经验，并带你一起走向从“知道”到“做到”的搭建人脉的路程。无论你是书中提到的三种人（不愿，不敢，不会）当中的哪一类，这本书都会给你一些启发。强烈推荐给希望自己孩子身边都是一堆贵人的家长们，你可以给你的孩子制造贵人！

秦春华 北京大学考试研究院院长

一本让你打开就放不下的书。人是社会性动物，这意味着人必须和他人打交道，必须具备社交能力。康妮的书启发你如何去寻找这种能力。

秦志勇 伯藜创投管理合伙人

“如何培养人脉资源”是一个很多人都关心，但是又忌讳说起的一门学问。有些人不屑，认为拉关系走后门很 low；有些人像社交花蝴蝶，迷信人脉能搞定一切，结果却令人失望；而更多的人心向往之，但是在实际操作中既不敢，更不会。康妮的这本书，通过她自身职业发展和社会活动中的生动案例，教会你高质量人脉的搭建方法。这既不复杂，也不神秘，只要用心注入，你就可以做到！

沙莎 麦肯锡全球资深董事合伙人、数字化麦肯锡亚洲总裁

与有趣的灵魂相遇，是我们认知这个世界最美好的方式。康妮以她丰富的职场人生感悟、哈佛商学院的求学经历，结合大量真实案例，将拓展人脉这个核心竞争力讲得有趣生动，清晰易行。这是非常值得阅读并付诸实践的一本好书！

史地文大叔 享物说联合创始人

康妮和我在商学院校友会的群里，本来不熟悉，但是她有一种暖人的能力，好多校友成了她的好朋友，我就是其中之一，并从我们的友情中受益匪浅。

她对人脉搭建中“互惠”和“真诚”双轮的理解，远远超越流行的观念。我相信读者在读过她的书后，会对遍布身边的人脉网络有全

新的看法。如果能身体力行，日常的人际交往习惯一定会大大改善，结果也一定会令人惊喜。

王轶奋 览睿资本首席投资官，董事总经理

早在商学院时，我就发现康妮的与众不同。康妮的交际能力超强，她以心交友，坦诚相对，总能在不可能中发掘可能。现在康妮终于把如何为人处事、搭建人脉的经验秘诀以朴实而生动的语言，深入浅出地结合哈佛商学院案例的方式展现给了大家。这是一本能让初入职场的年轻人少走弯路，指引成功之路的好书，非常值得阅读，强力推荐！

许小林 华盖资本创始人

康妮是我的大学同学，典型的北京大妞，从北大到哈佛，无论学业还是工作，她都是大家眼中的成功女性。这本《如何结交比你更优秀的人》，对很多莘莘学子、初入职场的新人甚至工作多年怀才不遇的才子们都有很强的指导意义。

有时候的确是“你认识谁比你知道什么更重要”，我们在专业、善良之外，需要有足够的社交技巧和能力，微信可以让我们联系上多年不见的老朋友，但微信教不了你如何结交比你更优秀的人。如果你想让你自己更优秀，这本书值得好好读一读。

张玫 WildChina 碧山旅行社创始人，
Travels Through Dali with a Leg of Ham 作者

看了康妮师妹关于人脉的书，我第一个反应是，去寻找当初给我奖学

金去美国念书的泰国泰京银行西林行长。在成长的路上，教育是我们脚下的路，但我们还需要指路的贵人和同行的路人，才能成为对社会有用的人。这条路上，彼此不是谁利用谁、谁对谁有用的关系，那样的关系，咱们都走不远。走得远的，都是对身边行者好奇、友善、乐于助人、知恩图报者。大家手牵手，才能走得最远。康妮在书里讲清楚了这个道理，推荐大家都看看这本书。

赵涵曦 中信资本高级董事总经理

真实的康妮以心交心，以心交友，以她一贯的热情和真诚，分享她的亲身体会，在故事中讲道理，从经历中见真知。无论对初入职场的年轻人，还是已有所成的职场老将，这本书，都会让你停下脚步，直面自己，思考一下如何待人处事，做事做人。

赵路云 瞻睿家族传承研究中心创始合伙人

《如何结交比你更优秀的人》，第一眼看到这个书名就被它吸引了，与康妮老师的两次交往让我深信这个话题由康妮来写一定很精彩。

第一次见面是在去年的哈佛毕业生返校活动中，康妮作为毕业十五年的校友牵头人，组织了一场和我们毕业十年校友的聚餐，当时就很佩服她能把那么多精英校友凝聚在一起的能力；第二次是受邀参加康妮的哈佛人脉课案例分享，有缘聆听了康妮的人脉搭建艺术。

我发现康妮是一个非常有人格魅力，能吸引不同背景精英的人脉达人。这次康妮把她的经验通过这本书系统地分享出来，真的非常宝贵，相信每个读完此书的人都会在结交比自己更优秀的人方面打开思路，迈向实践之路！

赵颖 荟同学校首席财务官，投资人，元明资本合伙人

康妮是我在哈佛商学院的同学、挚友。她在学校里就是大家都喜爱的热心人，直到现在毕业十几年了，她仍然是把同学们联系在一起的主要召集人，有着很强的凝聚力。

记得我们 15 周年返校日，几十个中国老同学们投票预计谁将对这个世界影响最大，康妮不出意外地得到最高选票，这和她的待人处事密不可分。看到康妮把她在这方面的心得、技巧在这本书里倾囊相授，特别为她的读者们高兴，连我这个老朋友读完都觉得受益匪浅，相信此书会对更广大的读者有莫大帮助，也将是康妮对这个世界的又一正面影响！

邹进 人天书店集团董事长

结交比自己优秀的人，这是康妮在她的新书中提出的交友原则，我理解应该是一种境界。结交比你自己更优秀的人，是一种提升自己学识道德的重要前提，也是一种经济的考虑。孔子说："无友不如己者。"如果你结交的人都比你优秀，你成为优秀的人的可能性就越大，用的时间也越短。

目录

第三章 如何把熟人变成朋友

第四章 职场社交：让自己发光，别人才会被你点亮

构建有成效的职场人生

李一诺
公众号“奴隶社会”创办人
麦肯锡前合伙人

回看自己这些年的职场经历，如果要总结最重要的三个能力，我想，第一是深入地了解自己，向内看的能力，第二是用系统思维看世界和看问题的能力，第三是构建深层有益的关系的能力。

我们来到世上，注定是社会动物，绕不开构建关系这件事。

构建深层关系的能力并不是与生俱来的，也不是独立的，它和我讲的前两个能力有密切的关系。我们很多时候是不愿或者是不敢去构建关系。对关系构建的恐惧或者不适，往往与自我认知有关，也就是第一个能力。同时，构建什么样的关系，其实取决于我们对问题的理解和对世界的认知。

所以你会发现，构建关系是我们成长过程中很中心的一个部分，需要我们不断去重新审视和学习。

此外，康妮在美国生活了很多年，我自己也在美国工作过很长时间。说实话，在美国职场，我们中国人还是有很大的欠缺的。我当年在美国做麦肯锡合伙人，在北美地区有600个合伙人，其中像我这样在中国大陆接受本科教育的人，只有两个。而同时期印度本科教育背景的合伙人，有近100个，足足占了合伙人总数的15%。为什么有这样大的差距？因为我们不重视领导力，不重视构建关系这个“软实力”。这本书里关于人脉构建的思维方式和方法，表面看上去是“技巧”，其实是来自对职场的深入理解。这个软实力一定程度上就是“硬实力”。

美国职场，特别注重人际关系构建，说实话，我自己也经历了“不愿、不敢和不会”的过程，但是我没有机会把自己这些年的成长系统地写下来。看到这本书的出版，我为读者们感到非常高兴，能有这样一个难得的系统学习的机会。

我和康妮其实从未谋面，但是看过她在“奴隶社会”公众号上发表的多篇文章，一定程度上可以说我俩“神交已久”。

我非常欣赏她的文章，一方面有很多干货，另一方面又真实亲切。有干货的书其实很多，但是康妮的文章让人觉得非常容易亲近，不是居高临下地讲道理和传授经验，而是把自己的真实经历、体会，包括自己的很多纠结和挣扎作为“背景色”，做一些分享和梳理。“奴隶社会”一直讲不端不装，有趣有梦，康妮的文章就是这样的风格，不仅有用，而且亲切。

康妮入职场二十几年，这本书中，有大量她在中国和美国的企业的实践经验，也有商学院经历带来的总结和洞见。有很多“道”，也有可以马上学习到的“术”。这些对很多职场人有巨大的价值和意义。希望亲爱的读者你，可以通过学习和实践而受益，有更丰富和有成效的职场人生。

找到你生命中的“贵人”

“人脉”这个词，是我在韩国公司上班时第一次接触到的，以前我们都说人际关系。在哈佛商学院的案例教材里面，涉及中国的案例，在文化背景知识中往往都会提到“关系”这个词，他们会写出拼音 Guan Xi，强调关系在中国的重要性和特殊性。

其实关系并不是中国特有的，在美国或其他国家，关系也是无处不在的。人都生活在社会中，每天都会和其他人发生一定的联系。我们会购买商品，获得服务，和亲戚朋友一起交际应酬，也会和同事、客户之间协作互动。是人，就躲不开和别人发生的各种关系，而稳定的关系，就是人脉。我更喜欢“人脉”这个词，它是一个非常形象的词汇，“脉”是彼此关联的，是互相影响的，是动态的。

你认识谁比你知道什么更重要

人在这个世界上能否成功，能否幸福，很大程度上取决于你的人脉。大家有没有注意到，成功人士好像总是有贵人相助？幸福人士，也总是被有正能量的人包围着？

有人说："你认识谁比你知道什么更重要。"

我给大家讲一个小故事。我有一个朋友的儿子叫小林，本来要到美国读电子工程专业的研究生，也被美国东海岸的一所名校录取了。可是在出发前几天，他忽然对父母说不想读电子工程，只想做个厨师，因为烹饪给他带来了最强烈的幸福感，别人喜欢自己的料理给了他极大的满足感。可是学烹饪，最佳途径就是考入美国烹饪学院（The Culinary Institute of America，简称 CIA）。要考这个学校，不仅文化成绩要优秀，还需要有实习的餐厅后厨的推荐信。

朋友找到我，跟我咨询孩子的这个选择靠不靠谱。我一听，马上被小林热爱厨艺的激情所感动，自告奋勇，帮他介绍了两个北京知名的西餐主厨。隔了两天，小林就在西餐厅开始实习了。功夫不负有心人，经过半年的实习，小林不仅坚定了对烹饪的热爱，还拿到了美国烹饪学院的录取通知书，2018 年春天已经赴美求学了。

从这个小故事中，我们就能看出，"你认识谁比你知道什么更重要"这句话的确有一定的道理。小林认识我，我认识西餐名厨，通过这个引荐，成就了小林新的学业和事业方向，为他未来的成功奠定了基础。

我观察到在生活当中，总是有一些关键的时间点，因为认识了一些关键的人，他们对你的人生会产生巨大的影响。有可能是你的一个小学老师，介绍了一位作家的作品给你，让你从此领略了文字之美，爱上了写作。有可能是你的一个老板，在工作中纠正了你的一个错误，这个纠正提高了你整个职业生涯中解决问题的能力。有可能是一个学姐，在一次公众演讲中提到了她的一段经历，让你思考在公司内部如何不做办公室政治的牺牲品，脱颖而出。也可能是在酒会上结识的一个跨行业人士，引导你开启了寻找人生真正激情的那扇门。

这本书讲的是人脉搭建，我的目的不是让你到大街上去跟每一个人打招呼，去结识路人甲乙丙丁来扩大人脉；也不是让你专门去结识领导和大佬，钻营得利。我讲的是如何找到自己生命中的“贵人”，这些贵人不一定比你身份更高贵，地位更显赫，经济更富足，而是在某些方面比你优秀，给你带来一些光，吸引着你，让你想去认识，去了解，去欣赏，去学习。也希望你自己成为别人的“贵人”，把光带给他人，引导他人，影响他人，为他人带来幸福。

哈佛商学院的人脉搭建课

亲爱的朋友，如果你看了这个标题，就去哈佛商学院的课程表上找人脉搭建课的话，你一定会失望，因为根本没有这门课。但是人脉搭建在哈佛商学院又是无处不在的。

在哈佛商学院的申请文书当中，有一道题："你为什么要选哈佛？"当然你绝不能写"我想上哈佛就是因为它名气响"。那么为什么要选哈佛呢？我记得自己在文书里面写了两点：

第一，独特的案例教学法。哈佛商学院没有任何一门课是老师照本宣科、用教科书教学的，所有课程都是以一个一个真实的案例，引出重要的道理。

第二，庞大的校友体系。1908年建院，目前每年有900人的新生群体。此外，校友库数量惊人，而且校友们占据了《财富》500强公司、各大咨询公司、银行、投资基金的重要领导地位。这些校友就是你庞大的人脉网络，可以帮助你的事业甚至人生。

当然，申请文书上写的这些内容都是来自网上的信息和道听途说，等我真的进了商学院，才发现虽然课程表里只有市场、战略、金融、运营、财会等课程，可没有写进课表的人脉课，才是所有课程里面最重要的。

"你认识谁比你知道什么更重要"这句话听起来有一定的道理，但我要说，真正的人脉关系，绝不仅仅是"认识"而已，把陌生人变成熟人，完成认识这一步容易，但更重要的一步在于如何把熟人变成你的知己，你的智囊，你的人脉网上积极的一部分，让他们愿意为你搭桥，愿意为你背书，愿意助你成功，这才是真正有意义的人脉。这才是哈佛教给我的真正的东西。

从“知道”到“做到”

相信大家普遍认识到拥有高质量的人脉资源很重要，但是把“知道”转化成“做到”却不是收到一个锦囊就可以实现的，绝对不是一日之功。如何建立自己的高质量人脉网络，打造和提高自己的人脉力是一门实践学科，要求你在实践中不断地摸索，把人一个一个地联系起来，慢慢织出网来。我把这个过程称为“从 1 到 N”。

自 2017 年我在 niwo 成长学院教授“哈佛商学院的人脉搭建法”课程以来，发现其实很多人对人脉的搭建是有认知误区的。简单来分，大体有这三种误区：不愿，不敢，或者不会。

先说说第一种：不愿去搭建人脉。往往感觉没必要去跟别人搭讪，自己过好自己的日子，管好自己的一摊事就行了，不愿去麻烦别人，也不喜欢被别人麻烦。或者干脆说因为自己内向，不喜欢出去应酬。为什么不愿意搭建人脉呢？说到底，是不屑。自命清高，不屑于此。他们觉得主动去搭建人脉是功利性的，有目的的，世俗的，很 low（低级、掉价儿）。

但是活在这个世界上，谁能不求人呢？邻里、同事间隔三岔五还得互相求个方便呢。“不愿”的人往往是在需要求到别人的时候，发现“人到用时方恨少”，自己平时因为不作为，而没有什么可以用的资源。这时候去求人办事，便更加印证了他们对人脉的“功利性”的解读。

再看看第二种：不敢。不敢去结交，尤其害怕向上社交。自卑，没底气。很多学生跟我说过这种烦恼：“在酒会上或者行业会议中，看到那么多人，可我就是不敢去结交，往往做了会议中贴墙走的人物。我觉得自己没有什么价值，别人怎么会想和我交往呢？”“我没什么优点和长处，和层次高的人不知道怎么交往，没有信心去建立人脉关系。”

不自信的人在社会上大有人在，往往和他们的原生家庭、成长环境有很大的关系。因为从小他们就常常被大人拿来和别的小孩比较，被教训“你看看某某家的孩子”。即使对优点和好成绩，有些家长也不会夸奖孩子，而是让他们戒骄戒躁。孩子考了 99.5 分，家长会提醒孩子要注意 0.5 分的错误，下次不要再错了。在长期来自外界的负面反馈的作用下，孩子很难养成自信心。内心总是不由自主地把自己的缺点和别人的优点比，就会产生自卑感，长大以后怎么能够自信地去跟比自己强的、层次高的人交往呢？

最后一种：不会。心里想去搭建人脉，也敢于去社交，但是因为没有掌握得体的方法，不能把握合适的度，而没有获得理想的结果，甚至适得其反。

有的人不知道如何与陌生人闲谈，展开交往。有的人热情过度，让他人感觉不舒服，马上拉起心理防线来。有的人不知道怎么去跟进，让一个热的关系变冷变僵。各种方法的不得当往往使人脉搭建成了一个大写的“囧”字 。

通过这本书，我想告诉你：人脉力并不只眷顾那些拥有交际天赋的人，也不是不可捉摸的魔法，而是实实在在可以习得的技能。

这本书就是要针对这些误区和问题，给你一些“术”，就是具体方法和指导，但核心还是教给你社会交往的道，也就是核心价值观，教你如何从一个“不愿”、“不敢”或“不会”的人，变成人脉达人，变成别人愿意结交的对象。

从根本上讲，培养人脉力的核心观念就是以下三点：

1. 保有一颗孩童般的好奇心，对世界、对他人真正地感兴趣，渴望通过人和人的交往看到更加广阔的世界，通过对人的深入了解而认识他们的本真。
2. 真诚、温暖是敲门砖。把你的真诚用言语、用行动，传达给对方，让对方感受到你的光和温度，被你吸引。
3. 为他人创造价值是引路灯。做事绝不要从利己和功利的角度出发，而是首先想到如何为对方创造价值。

掌握了这三个“道”，下面我来具体说说你能学习的“术”，也就是如何把陌生人变成熟人，把熟人变成长久的朋友。

第一章

如何打造人脉力

依靠人脉，我成了“学霸”

先给大家讲讲我在中学阶段的故事，看看青少年时期的我是如何通过和超级学霸们交朋友，而把自己培养成“非典型”学霸的吧。

我上中学时，好学生不叫“学霸”，叫“牲口”，看，暴露年龄了吧！

我是在北京郊区上的小学和初中，成绩一直名列前茅。但是高中我考到了北京四中——当时北京最好的中学，一下子被学霸们环绕，我就跌到了中等名次。

我本身并不是智力超群的小孩，甚至有时在老师教授新知识的时候，不能一次领会，需要课下询问同学，让同学掰开揉碎了地讲，我才明白。可是这样的我，是怎么能在高考中领先，考到全北京市的前五名，获得奖学金，被大家开始称作学霸的呢？

除了纯粹的运气以外，现在回想起来，我觉得自己忝为“非典型学霸”的原因，要归结于两点：第一，脸皮厚；第二，人缘好。

先说说脸皮厚。我很小的时候，妈妈给我讲过一个故事：我有一个远房表姐，她从山里的高中转到我们区中心来上学，发现自己在山里学的英文都不对。比如，她以前学的“Good morning”，老师给教成了“下午好”，要多拧巴有多拧巴。上课的时候老师讲的表姐都听不懂，于是下了课，表姐就去找老师，老师对这个乡巴佬没好气地说：“这你都不会，我怎么补？”表姐就厚着脸皮说：“就是因为我不会，才找您补习不是吗？”后来这个表姐凭着自己的韧性，高考考上了一个不错的学校，在工作岗位上也做得非常好。

妈妈当时给我讲这个故事，就是要教育我：在求知求问上面，千万不要脸皮薄。

脸皮薄的人往往是自尊心太强，自卑感也强，这两者在这里实际是统一的，就是太在乎别人对自己的评价，说到根儿，就是不自信。

因为从小知道脸皮厚的必要性，所以只要有不会的地方，我就找班里的学霸去讨教，直接说自己没有听懂，可不可以给我讲讲。我不在乎她们是不是觉得我笨。因为我知道自己并不笨，就是一时没有理解到位，或者是什么让我卡了壳，没有什么可以感到羞耻的。

有了优秀同学的讲解，我反而能更好地理解那些知识点，真正地掌握到精要，所以一到考试，我的成绩居然能和给我讲课的学霸同学一样。从他人身上积极而谦虚地学习，是我很小就掌握了的秘籍。

再说说人缘好。我和班里几个（甚至隔壁班的）学习好的同学都是好朋友。这绝不是处心积虑，而是当我看到别人身上的长处，就自然而然有想靠近、想学习的愿望，她们就好像发光体一样，吸引着我。同时，通过观察，我又能清晰地知道她们每个人的特长在哪里，在哪些地方我应该去寻求谁的帮助。

光是被吸引和依附型关系的话，不会形成长久的和真正的友谊。这些学霸为什么喜欢和我接近呢？事隔二十多年，我又采访高中和大学的好朋友，问她们是不是喜欢我，她们一听就笑了："那当然了！"我刨根问底，让她们挖掘一下当时为什么会喜欢跟我交朋友，结果答案大都涵盖了以下几个方面：

第一，主动。

人和人的交往都是相互的吸引。对于我来说，我的法宝就是做一个主动的人。主动结交，主动问候，主动帮助。

我很外向，喜欢主动跟大家说话。比如，上大学一进宿舍，我就带领我们宿舍的姑娘们去同班的其他宿舍挨个打招呼。不论是学霸，还是学渣，男生，女生，不管是自己班上的还是其他班级或者专业的，我都主动和大家微笑，打招呼，聊上几句。

记得以前有个漂亮的女同学，见到我总是绷着脸。可是我很想结识她，所以我每次看到她都会给她一个大大的笑容，让她看到我在注意她，愿意和她讲话，过了一段时间，她终于肯对我微笑，并且开始敞开心扉和我聊天了。

即使是离开学校N年了，我发现，到如今，主动联系别人的还是我。比如我出差回到中国，总会给自己的老同学、老客户、老同事们打个电话，聊上几句。每逢过年过节，我也总是主动打电话、发短信或者微信给其他人拜年。哪天想起某个朋友，也就一通电话打过去，问候几句。有时我会跟好友自嘲："你看，总是我主动联系你，是不是我的人缘太差了，所以你永远不主动联系我？"她们往往都会笑着说："当然不是，主要是我太懒了，因为你总是主动，我早就养成惰性了。"

这么多年了，争取主动的习惯我一直没有改，而且我相信：我只要想找到谁，不论通过多少层关系，肯定能找到这个人。我很骄傲的另一个方面就是：在这四十多年的人生中，我没有丢掉一个朋友，随时都可以再和他们联系上。

第二，真诚。

我对别人的好，是打心底里真心实意的好。我大学时的超级学霸同学说："你人外向，又有外向人难得的真诚。不像很多美国人，非常外向，但是感觉虚头巴脑的。你是从内到外的真诚。"

真诚体现在什么地方呢？

首先是全神贯注地聆听。每个人在心底里都希望自己能被他人关注，所以在和任何人说话的时候，你的注意力是不是在对方身上，是不是真的听到对方的话语，听没听懂对方的意思，给对方的感觉会十分不一样。

面对对方，或者像好朋友一样坐在一起的时候，我肯定会扭过脸看着对方，让对方看到我的面部表情。扬眉表示惊奇，皱眉表示深思，睁大眼睛表示欣喜，点头表示同意等等，给予对方的谈话以积极的反应。

其次是身体语言。眼睛是心灵的窗口，在与人谈话的时候，对视是非常重要的。视线要和对方的接触，但是不能一直盯着对方。身体保持放松，别忘了自然地做一些手势。你心里放松了，身体语言自然会放松，会把对方当作朋友一样自然地交往。

再次是了解对方思考的角度，不带评判心地去和别人交往。听到别人讲的话，不急于下结论，多问问题，去了解为什么对方会有这样的想法，她的背景是怎么样的，有过什么样的经历，然后以交换意见的方式说出自己的想法，告诉对方："其实我自己的想法也不一定全面，但我是这么看的……"放下评判心，才能真正做到尊重对方。

最后是犯了错误要真诚地道歉。有的时候不小心说错了话，或者一时的失误，都可能给他人造成伤害。有时即使是误解，也可能让朋友很不开心。这种时候，我就会去真诚地主动道歉。记得高中时有一次我开了好朋友的玩笑，本没有恶意，但是让她面子上很难过，所以就几天不理我。我自己反复几次道歉她都不肯跟我讲话。后来我就到学校点播台给她点了一首歌《谁的眼泪在飞》，并且在广播中说我真的抱歉，希望她能原谅我。听到这里，她就向我跑来，我们俩相拥而泣了。

我要说：真诚是一种发自内心的感觉。你在心里把对方当朋友，语言上、行动中就会自然地表现出来，也更能从对方的角度看问题。

第三，喜欢帮助别人。

很多老朋友提到我的时候，除了说我真诚，还总是会说起我帮助过她们的事情。比如看到有的学霸遇到情感上的问题，我可以陪他站在楼梯外的走廊上吹吹冷风，什么也不用说，有的时候人只是需要别人陪着他而已。再比如高中的好友因为要在班级里搞一次活动，一筹莫展，我看到她心事重重的样子，就去问她怎么了。了解了她的困扰之后，我就拉她一起想主意，从天马行空到能落实的好点子，一会就让她感觉有了思路。这就是我在小的时候自己摸索的头脑风暴吧。

再比如，大学时有的同学家住外地，周末我就会邀请她们到我家来吃饭，亲自下厨，给大家改善伙食。或者看到有勤工俭学的机会，我就会介绍给同学；或者留学生同学想卖掉一些自己的衣服，我就会帮她贴广告，在女生楼里帮她推销。

帮助别人，绝大多数时候对我来说都是举手之劳，但是我愿意为别人做，大家就都念着我的好处。反过来，她们也会来帮助我。比如，我给出主意搞班会的好友，在我跑 800 米上气不接下气的时候，在跑道旁给我带跑最后的 200 米，以及无数个清晨在沙坑前教我跳远，帮助我实现了体育会考取得“优秀”这个本来几乎不可能实现的目标。

第四，Resourceful。

这个词的英文原意是：having the ability to find quick and clever ways to overcome difficulties。如果直接翻译，就是有能力很快找到聪明的办法来战胜困难。可以说是足智多谋、机智、有本领和富于想象的意思。“Resourceful”这个词曾经被我的中学同学和我美国的老板们用来描绘我这个人。

我是一个头脑比较活络的人，常常会有一些奇思妙想，让朋友们觉得有趣，又不可思议。比如我会买一块花布，两边一缝，别针一别，就成了一条裙子，到处穿着得意炫耀，女孩子们都觉得好玩。

学校搞文艺汇演，我也会编排、参加小品演出，或者是组织我们宿舍排练，表演个小合唱什么的，从演唱，到着装、道具，无不用心。我还常常写一些随笔、杂文或者小说，在同学间传阅。同学们觉得我很有想法。

同时我又认识很多人，常常能帮别人建立连接，让甲帮助乙解决困难，乙又可以给丙提供资源，所以大家都觉得我很有资源。尤其是到了大学的时候，我做学生会副主席、女生部部长和实践部部长，就开始运用自己的关系，给同学们找社会实践的机会，采访矿井、制造企业等等。

很多人喜欢我的 resourcefulness。

第五，习惯赞美他人，非常正能量。

别人愿意接近我的另外一个原因是我非常有正能量。我总觉得只有你想不到，只要努力，没有做不到的。我以这个标准要求自己，也常常用这个观点给别人打气。

我从中学开始就练习观察他人的长处，并且记在日记上，比如“某某有很美好的笑容”“某某真诚地帮助他人”“某某可爱，所有的人都喜欢她”“某某很有责任感和集体观”。看到他人的优点、长处，见贤思齐，同时，我喜欢把赞美表达出来，因为我的观念就是：只要不是说谎话，那么把赞美说出来，对人对己都是积福的事情。别人有可能因为这一句赞美而开心一整天。赞美，可以帮助他人改善情绪，帮助自己把善意传达出去，鼓励到对方，何乐而不为呢？

第六，真实，能暴露出自己脆弱的一面。

小的时候我是一个喜怒形于色的人，不会掩饰，给人看到的都是真实的自己。所以在有些人眼中，觉得这个人为什么把心情都表达出来呢？她怎么这么脆弱呢？怎么这么多愁善感呢？怎么这么依赖他人呢？

我们年级的超级学霸是一个大家公认高冷范儿的女生，现在都叫作女神了。她对旁人并不热情，可跟我却非常熟络。这么多年以后，我还是班里唯一和她保持联系的人。我问她：“你觉得我身上是什么样的特质，让你想和我交朋友呢？”你猜她说了什么？

“最主要，因为你给了我一种被需要的感觉。你是那么的不同，你把自己的想法大声地说出来，而我，只在内心呐喊那些不想让别人知道的东西。”

所以说，我真实地暴露出自己脆弱的一面，对友情的需要，对知己的需要，使这个超级学霸成了我的好朋友。

读了我在学生时期的故事，你知道我是怎么成为“非典型学霸”的了吧？与其说我在知识学习上有多少过人之处，或者说在体育锻炼上有多大毅力，不如说我最能够利用到人的资源，懂得向比我优秀的人学习，把他们团结在周围，来帮助自己实现目标。

克服恐惧是你必须要过的关

有人说："在和别人交往的过程中，我总是感到不自信，不知道怎么去跟比我更资深的人连接。"有人说："我很害怕走出第一步，做主动的那一个，怎么破？"还有的说："我因为担心无话找话，陷入尬聊，干脆不出去社交了。"

我在 Google 上搜索"fear of networking"（社交恐惧），有 5600 万条信息跳出来。很多人因为这样那样的原因对社交感到恐惧，有的人因为性格内向，不习惯主动社交，更喜欢宅在家里；有的人因为社交陷入过窘境，一朝被蛇咬，十年怕井绳；有的人总觉得低人一等，根本不敢去主动社交；还有的虽然有心社交，但是担心自己笨嘴拙舌，怀疑自己的能力；有的因为对社交场合不熟悉，所以产生焦虑；有的因为没有事前做好充分准备，见了该见的人却不知道说什么好；有的人不喜欢也不擅长和陌生人搭话，所以宁可独处。恐惧的原因各不相同，首先让我们来说说，如何为克服社交恐惧做好心理准备。后面的章节里面，我会教你在社交中克服恐惧的具体行动方法。

第一，要有自我认知的能力。

克服恐惧的第一个要素就是要增强自我认知力。

《哈佛商业评论》2018 年 1 月刊登了塔莎·尤里希（Tasha Eurich）的文章《自我认知到底是什么？（以及如何培养它）》，里面提到："自我认知有两种类型：内在的自我认知和外在的自我认知。内在的自我认知表现在我们能够清楚地认识到自己的价值、激情、心愿、与外界的和谐、反应能力（比如想法、情绪、行为、优势和劣势等），以及对他人的影响。内在的自我认知和更高的工作职位，更好的人际关系满足感，对个人的和社会的控制力，以及幸福感是正向相关的。

"外在的自我认知指的是我们对别人对我们的看法的了解。别人对我们的价值、激情、心愿和各种反应能力以及对他人的影响的看法，我们是否有所认知呢？"

内在和外在的自我认知构成了人完整的自我认知体系，缺一不可。如果人的内在自我认知非常弱，表明他对自己的价值、激情、心愿、优势、劣势等没有一个清晰的概念和判断，本身就会非常没有自信，无所适从，缺乏对自己是如何对他人和环境产生影响的评估。如果人具有高度的内在自我认知，却没有对外在评价的了解，就会完全陷入自我的主观世界当中，有可能狂妄自大或者是妄自菲薄。

怎样才能从内外两方面增强自我认知呢？

首先需要从自己的人生经历中了解自己。回首过去的经历，哪些成就让我们引以为豪？哪些失败给了我们重要的教训？自己从小具有哪些天赋？最擅长哪些技能？做什么事情的时候会进入心流般的忘我状态？自己喜欢的环境是什么？厌恶什么？自己的人生目标是什么？事业目标是什么？自己有没有“巅峰时刻”的体验？

其次，要能够时常地自我回顾和反思。记得小时候父亲就告诉我，他上学的时候每一个学期结束都会自我总结，看看这个学期哪些地方做得好，哪些还有待努力和提高。从小养成回顾和反思的习惯，其实就是逐渐积累自我认知的过程。

最后，我们还要学会从周围的亲人、朋友、同事、老板处吸收反馈。很多公司推行的360度反馈系统就是一个很好的借鉴。每年一次的年底评估，由老板、下属、同事、客户等跟我们发生关联的人员提供匿名反馈，实际给了我们一个从他人的客观角度观察的结果，是重要的外在自我认知的体现。他人有可能看到我们自身没有意识到的优势和价值，那么我们如何接纳这些对优点的评价，把它们真正内化和强化到自身，成为未来可用的装备。同时，对待一些负面的反馈，我们怎么来消化、自洽、分析、提高，都是对一个人认知能力的深度考验。

一个人拥有很强的自我认知力，那么他就会是一个自信的人。因为他深刻地了解自己的优势却不骄傲，也了解自己的缺点而不气馁，在对外交往当中，有一份平常心，还有什么可以害怕的呢？

第二，端正态度，拥有成长型心态（Growth Mindset）。

斯坦福大学的心理学家卡罗尔·德韦克（Carol Dweck）教授写的《终身成长》（*Mindset:the New Psychology of Success*）这本书，对克服恐惧意义非凡。

很多人害怕失败，害怕受挫，害怕不完美，都是他们的固定型心态在作怪。他们会用失误、错误、挫折来定义自己，一旦做得不好，不完美，他们就认为自己是一个失败者，无可救药，自暴自弃。

这在害怕社交的人群中也很常见。不总结以前社交中出现的问题，找到解决方案，而是打击自己，甚至痛恨社交，或者是担心自己的不完美，担心他人对自己的印象，因为缺乏自信而不去社交等等，都是固定型心态的表现。

而具有成长型心态的人则把每一次挫折和失败当作成长和学习的机会，他们会及时总结教训，修正错误，跌倒了马上爬起来，为下一次行动做好准备。在社交尝试当中，他们不会背上思想包袱，即使是在不熟悉的环境或者和陌生人在一起，他们也会抱着学习的态度，给自己机会去了解他人。即使受挫，他们也不会让一个事件来定义自己，而是会继续努力，在未来的尝试中吸取教训。

比如有位朋友参加一个大型活动，本来想和行业大咖多攀谈几句，没想到到了现场却不知该和其他参加会议的人说些什么，除了合了一张影以外，没有任何可以参与的办法。她回来跟我说对自己的表现很是懊恼。我告诉她："没关系，下次你要提前准备一些话题，帮助你和你想结识的大咖或者其他与会者建立连接，认识大咖不是终极目的，建立几个有意义的深层次连接才是你的目的。别为发生了的事而懊恼了，只是这次不理想而已，相信自己，下次你一定会做得更好。"

所以谈到搭建人脉，我鼓励你把固定型心态转化为成长型心态，有了好奇心，把每一次与他人的接触都当作自己成长和学习的机会，就是社交的心理准备。

第三，写出恐惧清单，和事实对照。

你要知道，其实你恐惧的事情很可能并不是真实的。一个好办法就是拉出一个恐惧清单，把你所担心的事情写出来。比如，你的恐惧清单可能是这样的：

1. 担心穿着举止不得体，别人会不喜欢我；
2. 担心笨嘴拙舌，陷入尬聊；
3. 担心别人会觉得我没意思，没价值，不愿意接触我；
4. 担心没有认识的人而被孤立；
5. 担心一定会搞砸自己的讲话。

列出这个恐惧清单以后，你需要做一个 reality check（与现实的对照），就是仔细想一想你的假想和事实会有多少出入。认真地想象一下别人的反应和可能发生的场景，你可能就会意识到：

1. 别人不一定会注意到我的穿着打扮，只要没有奇装异服、过度暴露，也不会不得体；
2. 虽然我不是口若悬河，但是其实每个人都更重视自己的发言，而不会过多地要求我去说话；
3. 我可以着重思考如何为他人提供价值，别人可能会需要我的帮助；
4. 我并不一定是唯一的陌生人，别人有可能也感到孤单，我可以主动找单飞的人搭话；
5. 只要我做好准备，就应该胸有成竹。

你坐下来仔细想想这些恐惧，绝大多数都是不真实的。因为大多数的人都是心存友善的，大多数人不会故意与人为敌，或者公开地去批评别人，他们相对会更关注自己的言行，很多人都会有一定程度的恐惧，你不是唯一有这种感受的人。这个和事实对照的步骤，会帮你减少很多莫名的恐惧。

第四，放松的练习以及正念冥想的应用。

你可以在家做一个帮助自己放松的练习。坐在一张椅子上，先把十根脚趾用力蜷缩起来，绷紧 5 秒钟，然后放松脚趾。把脚踝用力向上勾，绷紧5秒钟，然后放松。夹紧双腿5秒，放松。提臀5秒，放松。吸气绷紧腹部5秒钟，然后放松。双臂伸开，用力扩胸5秒，放松。仰头5秒，放松。你大概明白我的意思了吧。让你的全身各个部位从紧张到松弛，让注意力随着身体从下到上移动，充分体会这一过程，能够帮助你学会放松，减少紧张和恐惧的情绪。

近年来流行的正念冥想，也是一个非常有效的减少社交恐惧的手段。正念是关于如何使用和安放注意力的方法。乔恩·卡巴金博士对正念的定义是这样的："正念是当我们把注意力有意地、不加评判地放在当下的时候所产生或者涌现的那份觉知。"有意的关注、不加评判的态度以及当下就是重要的三要素。

在《多舛的生命》(*Full Catastrophe Living*)这本书中，卡巴金博士提出了七个态度性的因素，它们是：非评判、耐心、初心、信任、无争、接纳及放下。其实这七个态度，和人脉搭建的心理准备也是契合的。见到一个陌生人，我们的起念发心是什么？是否能够拥有一份好奇心，真诚地去了解这个人的本真，不加评判地去对待，和对方建立信任，不争斗，只接纳。即使遇到不好的交往体验也能放下芥蒂，只当作人生中的一个体验罢了。

很多人都在学习正念冥想，并从中受益。我建议你也可以了解和学习正念冥想，它会帮助你打破对所有结果的预设期待，给你一颗平常心去对待人脉搭建。

交朋友看机缘，但更要经营

有人说："康妮老师，您很幸运，能够碰到很多和您相似的人，所以成了朋友。我们也有自己想结识的人，可是未必能成为朋友呀？"

我的答案是：交朋友要看机缘，但这种"缘分"更是经营的成果。

我想给大家讲一个关于缘分的故事，看看人和人之间是如何发生联系的。

2015 年的夏天，我准备带孩子回国过暑假。想给他们报夏令营，找了几个，都不合适。正好看到我的大学闺密转发了一个链接，说是自己公司的同事辞职开办了美育课堂。我点开链接，一下被她们的宣传文案吸引了，就给孩子报名参加了"怪叔叔美育"的暑期班。

第一天来到画画班，见到了老板田老师，她身材高挑，皮肤白皙，说话干脆，她对幼儿美育的理念一下子打动了我的心。我很喜欢她，所以主动加了微信好友。跟她说起我是看到闺密的朋友圈推荐才来到这里的，这才知道，原来闺密是田老师从前的老板。我们都说起这个中间人的好以及自己和她的有趣过往，田老师和我的距离一下子拉近了。

一周下来，儿子们的油画相当出彩，我都不敢相信，家里居然有小梵高和小莫奈。“怪叔叔美育”的老师相当专业，又给孩子很多鼓励，孩子们兴致勃勃，就越发喜爱起画画来。我在朋友圈帮田老师做了一些口碑的推广，于是真有亲戚和朋友慕名而来，也报了班。

田老师看我有时会来等孩子下课，就邀请我和儿子一起来学油画。我问：“我行吗？一点艺术才能都没有，能学油画吗？”田老师说：“怎么不能，我们的老师可以教给您。”我也心动了，于是就和孩子一起坐下来学画。在老师的耐心讲解和示范下，我居然画出来一幅梵高的《星夜》。一下子我就来了兴趣，紧接着在回美国之前，又上了几节课，画了莫奈的《睡莲》和梵高的《罗纳河上的星夜》。“怪叔叔美育”真是一个神奇的地方。

回到美国以后，我报了一个城市社区艺术中心的油画班，开始正式学习油画。可是美国老师不怎么教画法。所以当我创作了一幅有海滩和黄色的树的油画的时候，我就发微信给田老师看，问她怎么才能画出那个黄色的树冠。一会她就发给我语音，告诉我树冠不应该只是黄色，而是灰色、绿色、红色和黄色的结合体，要一层一层地点。这对我来说简直是醍醐灌顶。按照老师的微信指导，我刮掉以前的色彩，一点一点地把这个复杂的黄色画了出来，非常欣喜。

几个月后，正赶上春节前后，我在朋友圈看到田老师和她的先生杨老师一起到巴黎参加画展，我想，怎么才能帮助杨老师在巴黎艺术圈建立一些人脉呢？正巧几个月以前，我在巴黎参加国际妇女节的活动，认识了经营网上画廊的创业者 B 女士，她在法国艺术圈人脉颇广。于是，我就发微信给田老师和 B 女士，让她们在巴黎大皇宫的画展上见了面。看到她们一起站在杨老师画作前的合影，我很高兴能把她们介绍给彼此。

那时也正值情人节，我在拉斯韦加斯看上了一条漂亮的红裙子，先生打算买给我作为情人节的礼物，结果发现欧洲的价格比美国便宜不少，我就想，怎么才能从欧洲拿货呢？这时灵光一现，田老师不是在巴黎吗？我可以麻烦她吗？

一想到要麻烦她大老远从巴黎背回一条裙子，还要到机场走烦琐的退税手续，真是有点过意不去。但是悬殊的价格还是给了我勇气，起码试着问一下吧。结果，田老师一口答应，在法国没有时间购物了，就在下一站荷兰，特意去专卖店帮我买到了裙子。我真是万分感激。

三月我回到北京，请田老师吃饭，感谢她的帮助。席间，因为时间紧迫，我同时邀请了其他几个朋友给田老师认识，大家都很高兴有这个互相认识的机会，我们兴致盎然地讨论了很多女性关心的话题。午餐过后，大家纷纷加了微信群，还把这个群称为“Life Changing Lunch Group”（改变人生的午餐群）。

我彻底爱上了油画，但是每周定时去城市艺术中心画，美国老师从不给系统的指导。所以我每次画完一张，都要发给田老师看，请她提意见。田老师索性给我建了一个康妮画画群，让杨老师直接给我点评。在杨老师的亲自指导下，我的画画水平不断提高。有时他会说：“用色很大胆。”有时他说：“很有灵气。”有时他说：“你比梵高早期画得好。”杨老师的鼓励，也让我有了坚持画下去的动力。我内心非常感谢他们夫妻二人，在百忙之中还给我花时间指点。所以我回北京，就邀请田老师一家一起吃饭，聊聊天，一起头脑风暴，讨论如何让杨老师的绘画更好地走向市场。一顿饭局，细听杨老师讲解艺术作品的好坏和意义，我也离艺术更近了。

一天，看到田老师发了朋友圈，说大夫给开了非常贵的石斛。记得我有一个研究中医的同学跟我说过：开石斛一味药给你的大夫多半是为了赚钱。于是我马上跟田老师开小窗私聊：“田老师，你千万别信那个大夫的，多半就是为了赚钱。我推荐你找个靠谱的大夫再看看吧。”田老师说好呀。我马上联系我的同学，问他哪个大夫在这方面最灵，我可以介绍给田老师。不料我同学说他自己对这方面非常有研究，让田老师直接联系他即可。我一听，这可方便了，于是马上微信建群向他们介绍了对方。在我的同学的帮助下，田老师的症状已经有所好转。

一次，我回北京出差，田老师从朋友圈里看到我的动向，就问我是否有时间和她全家以及我的中医同学一起吃个晚餐，就在她家的画室里涮火锅。吃着美味的鸳鸯锅，我们四个人从中医、养生，谈到孩子教育，谈到艺术和艺术家，发现我的同学和田老师两口子，都和一对非常有才华的艺术家夫妇是朋友。你说世界小不小？！我们有没有缘分？！

田老师总是纳闷："我没啥特点，也不至于让别人主动和我做朋友，为啥你就能做到和我沟通交流，并且真的一步一步成为朋友呢？我觉得不可思议。"我说："因为我们有缘分呗！"

看了我和田老师的故事，你有什么想法呢？为什么我和她能够从陌生人变成好朋友呢？其实非常简单。我们需要做到：真诚地关注他人，找到和他人的连接点，主动为别人提供帮助，做把人和人联系起来的连接人，不要怕麻烦朋友，对帮助过我们的人积极真诚地表达感恩之情。

只有做到以上几点，你才能和陌生人真正建立一个深层次的关系，才能把陌生人变成朋友。这也是做个"有缘人"的秘诀。

有人问："我参加一些活动，想加一些人的微信号，可是她们好像并不想加我，说自己微信号加满了，手机号也不方便给，那我应该怎么办？"我要说的是：你和这些人有任何可以连接的共同点吗？你能给对方提供任何价值吗？你本身有什么样的吸引力呢？人的内心里自觉不自觉地都有（向上）社交的愿望，如果在短暂的交谈中，你没有给对方展示出以上三点中的任何一点，那么对方就没有和你连接的动力。如今，很多人抱着多一事不如少一事的想法，不想去和不相干的人主动建立联系，这完全可以理解。但能不能交到一个朋友，就要看你的能力了。

我也不可能把所有陌生人都变成朋友。比如前一阵我去参加一个餐饮界的活动，看两位大厨 PK 厨艺。作为大厨的朋友，我也和其他粉丝、观众坐在下面的圆桌上一起品鉴。我因为迟到了，坐下来就想和旁边的人寒暄几句。左边是空位，留给活动主持人的，右边是一位五十多岁的女士。我说："您好，我是康妮。是 XX 大厨的朋友，今天来参加活动。您也在餐饮界工作吗？"她瞄了我一眼就不再正眼看我了，冷冷地说："不是。"我又问："您是在媒体工作？"因为我想今天到场的不是餐饮界的就是媒体人，不然就是粉丝。"不是。""那您做哪一行？""我退休了。"她一不看我，二不想跟我进行任何对话，我只能自打圆场地说："那我们都是美食爱好者了。"她没接话，直接和她右边的几个人说起话来，看来是相熟的。

像这样的情况，难道我要想方设法和邻座结识吗？当然不用，热脸贴上冷屁股的事情每个人都会遇到。放平心态，泰然处之。在后面上菜的过程中，我也会和她评论一下菜品好不好吃或者配料是什么等等，但是再也没有努力开启新的话题了。一顿饭下来，我也没有认识这个人，只能说没有缘分罢了。一个完全封闭的人和心态，就像一个箍得紧紧的桶，很难撬开。

好在我每次参加社交活动的目的不是把见到的每一个人都变成朋友，而是建立一两个深度连接即可。后半场，我左边的空位被主持人补上了，他是一个年轻人，在电台做节目主持，聊着聊着发现是我大学的学弟。可见只要我们有开放的心态，总会碰到有缘人的。

沟通得体者得天下

我的生活中，几乎每周都有帮助别人搭建人脉的机会。最近碰到了几件事，都发生在年轻人身上，我想跟大家探讨一下，不是希望谁来对号入座，只是想给大家人脉搭建的一些警示。

“开个小玩笑”

A 小伙是我的粉丝，机灵透彻，虽然未曾谋面，但是在网上有很多交流。他的言谈显示出超出年龄的成熟。我很看好他的发展，也希望能给他事业助力，于是把他介绍给我一个做高管的同学，到我同学的公司实习。

他实习开始一周以后，我微信联系他，想了解一下他的工作情况，意外地发现他到现在还没有跟我的同学，也就是招他入公司的老板见面呢。他说老板很忙，不总在公司，而且不在一个楼层工作。

我赶紧提醒他："这个不要等，即使老板很忙，你早点儿到公司，到老板的办公室门口，进去握个手，认个脸，亲口说声感谢，不耽误什么时间的。"

这时，他给我发了句："您有什么想让我传达的吗？可以顺便帮您促进一下同学友谊，哈哈哈。"

我告诉他："你太逗了，我促进同学友谊会需要别人代劳吗？"他说："确实，开个小玩笑。"

看似随意的几句微信对话，大家看出有什么问题了吗？

人和人之间相处的分寸感最难拿捏。什么时候应该亲切热烈，什么时候应该有距离感，什么时候正式，什么时候随意，能把与人相处的分寸感掌握好，真是一门艺术。

如何处理好和伯乐的关系？

因为年龄、性别和阅历的差别，特别是还没有见过面的人，对年长异性应该保持一定的距离感，不能像跟平辈一样随便，不要开玩笑，以免给人举止轻浮的感觉。让对方知道你的尊敬、感激之情，开始上班后给对方汇报一下自己的感受和进展。让对方参与到你的事业发展中来，这样很自然地会增强导师的指导关系（mentoring relationship）。

对于给你工作机会的贵人、领导，如何做到分寸合适？

对于通过熟人关系录取你的领导，就算他时间再忙，你也要找机会跟他见个面。一般领导来到办公室较早，不要在大家都已经上班的时候去耽误领导的时间。早点到办公室，到他门口打个招呼。因为你刚开始工作，对公司情况不熟悉，也没有真正的事情要谈，找领导秘书约定时间太过于正式，所以早晨特意到办公室门口问声好就是最得体的。这个问好要包含几个意思：第一，表达诚挚的谢意，感谢领导给予的机会；第二，真诚地表示自己一定多学习，好好干，不会让领导失望；第三，如果将来工作中有问题或者疑惑，还得麻烦领导给予指导和引领。这是你发出的一个邀请对方参与你的事业发展和未来成功的信号，也是受人帮助后最起码的礼貌。

人生中能得到贵人的相助是运气，上面这几点做到了，会给介绍工作环节中帮助你的贵人留下感恩、得体的印象。邀请他们参与到你的成功中，这些贵人才能真正成为你的人脉。

语音轰炸

B 是朋友的朋友，我没有见过面，只在微信上联系过，她希望我帮她介绍个工作。

一天夜里 11 点半，我的微信里收到了 90 条来自 B 的语音留言。一看就是一条一条接着录的，从 2 秒到 59 秒不等。我想别是出了什么事了。结果听了几条，她好像是在诉说自己目前在纠结是继续读本校的研究生，还是去上其他学校，或是去找工作。不知道的人，还以为我是零点夜话的电台主持呢。我实在没有耐心在大半夜收听每一条录音，就捡着前面和最后面的几条听了一下。这些絮絮叨叨的录音把我弄得丈二和尚摸不着头脑，不知道她到底要表达什么意思。我于是回了她一句："你喝酒了？"她马上回复："没有。"我说："以后不要这样给人留言，有点语言暴力的意思，让人怎么听？""本以为您明早起来再看的。抱歉。因为明天要写一天作业，所以怕没时间。"

我想大家一定都看出B的处事方式颇有不妥吧？

当你有求于人的时候，如何寻求帮助才合适呢？

第一，做好自己的准备工作。

你对自己的需求了解吗？你是否已经准备好了自己的背景资料？

不论你是需要求人找工作，还是求人写推荐信，或是求人介绍项目，推荐买卖，在联系对方之前，一定要准备好自己的个人简历、项目介绍，首先自己要对目标人脉和目标方向做好调研，这样你才能知道你要接触的是什么样的人，什么样的背景，公司是什么情况。如果网上的公开信息不能给你足够有用的情报，那么通过中间人或者介绍人提前打听一下就是最有效率的方法。

第二，简单明了地阐述你的诉求。

请把你的自身背景和期望找的明确方向提前梳理好，用最简洁、直接的方式礼貌地提出来，让对方一下子明白你的来意，能帮就帮，不能帮也会给你一个答复。即使这次不能帮忙，你也表示一下谢意，耽误了对方的时间。这样会给对方留下一个好的印象，下次说不定有机会会想起你。

第三，每一次求人办事动用人脉，都是一次资源的消耗。

对方要动用自己的社会资源来帮助你，他不是你的家人、挚友或者心理医生，请一定不要把重要人脉当作知心姐姐来对待。人家不用听你翻来覆去地诉说自己的犹豫和困惑，如果你自己也不清楚怎么办，先找自己的家人和挚友聊一下，想清楚，再去动用人脉。

如果像 B 这样让人摸不着头脑，你的目标人脉一定会对你的行为处事能力产生怀疑，将来也不敢介绍任何机会给你了。

第四，人脉资源消耗以后，要及时地补充。

对这个帮助过你的人脉进行投资和输入，包括采取各种方式感谢对方，增加接触机会，找到能为对方创造价值的机会等等。

第五，利用微信来社交也是有原则的。

除了自己的家人和挚友以外，不建议在微信里用语音的形式留言，更不要在大群里使用语音。语音好像一种强加于人的暴力，有强迫人去听的感觉。初期交往，应该用文字形式留言。

如果实在有特殊情况，比如双手不能打字或者不识字，必须要发语音的话，请在一条语音之内（59 秒内）把意思说明白。我是谁，我找你有什么事，打扰了，非常感谢。绝不要录好几条语音，更不能像 B 一样搞语音轰炸。

求人帮忙，不管事情办成与否，一定要心怀感激，不要因为没有办成事情而心生怨恨。更不要在别人帮了忙以后，过河拆桥，对恩人不理不睬。切记！

没了下文

C想转行，来向我咨询事业发展方向。

和他在微信上聊的时候，他提出想进入一个新的业务领域。正巧我有一个做这个领域的朋友，她在业内很资深。我想如果介绍C给我的朋友认识，说不定朋友能给他一些行业信息做参考。我在微信里给他推送了我朋友的名片。

过了几天，我朋友发微信给我："C还没有联系我哟。"我赶紧问C，"不是建议你去联系一下我的朋友，打听一下行业信息吗？"C忙说不好意思，忙忘了。他会马上加我的朋友。

晚上我的朋友给我发微信，说："这个C好奇怪呀，好像不是来打听和学习进口食材行业的，而一直问我自己该做什么？我对他不了解，怎么知道他该做什么？"这边C也没有了下文，再也没有联系过我了。

类似的故事你经历过吗？

通过第三方介绍，联系到目标人脉，如何进行接洽呢？

第一，经第三方介绍后，应该马上与对方取得联系。如果你不去马上联系这个人，过几天再找对方，对方可能已经把你的事忘了，或者对方会埋怨介绍人怎么做这么没谱的事。

第二，跟人建立第一次联系的时候，一定打好腹稿，礼貌地就事论事，请教对方。建立了初步联系，并且在谈话中和对方建立一定好感以后，可以再补充问一些问题。

第三，如何在第一次联系当中就给对方以好感呢？首先你要学会放低自己，因为你要获取对方的信息和分享，那就一定要有谦虚的学习态度。如果我是小C，我肯定会说自己从没做过进口食材的业务，很高兴能有机会向这方面的专家请教。其次，就是不要让对方产生竞争或者威胁的感觉，你不是要窃取对方的商业秘密，而只是想学习一下别人的经验和方法，能够帮助你这个初学者起步。

第四，请教别人，礼数一定要周到。俗话说：礼多人不怪！比如说些感谢的话，发个小红包，等等，礼轻情意重，对帮助你或者提供信息给你的人表示感谢是最基本的事。

第五，在和目标联系人联系以后，应该马上跟介绍人汇报一下情况，让介绍人知道自己的介绍没有白费，同时表示感谢，有始有终，而不是介绍后就消失了。人脉维护是个长期的工作，也最能看出一个人为人处事的做派和人品。

我举的这三个例子只是日常碰到的几件小事，但却反映了很多人在处理人脉关系上的不成熟、不得体。

“得体”这两个字看似简单，但其实包含太多的学问。我们观察一下行事得体的人，都有哪些共性。

第一，真诚待人。

真正的得体建立在真诚待人的基础上。把“真实”和“诚意”表达出来，让人感受到，是与人相处的第一步。“真实”意味着让人看到真实的自己，每个人都不是完美的，都有自己的优点和缺点。与其把自己包装完美，虚妄地表现自己，给别人留下好印象（impress others），不如去真实地表达自己（express yourself），让别人了解你这个人，接受真实的你。“诚意”以互利互惠为本。真诚地希望能与对方交好，希望能建立一个对双方都有所增益的关系。

第二，知恩图报。

行事得体的人一般都是知道感恩的人。因为对别人给予自己的帮助怀有感恩之心，自然而然就能把这种心情流露出来，表达出来，并寻找机会报答对方，让对方感到愉悦，而更愿意帮助你。

第三，大方，大度。

“大方”，指的是做事或办事不小气，慷慨，愿意将东西赠予他人。“大度”，指的是度量宽宏，胸怀开阔，不斤斤计较。得体的人往往能做到这两点，他们往往喜欢送人礼物或者给予别人方便和好处，让别人感觉到被惦记着的温暖。他们又不会计较细节，更不会小心眼记仇，所以交往起来让人感觉舒服放松。因为这两点，你会觉得得体的人做事礼数周全。

第四，把握分寸。

孔子语“远而不疏，近而不狎”讲的就是分寸感。人和人要有距离，但不是拒人于千里之外的疏远，亲近却不狎昵戏弄。亲密而独立的关系是处事得体的人与他人之间关系的最好描述。有的人高冷，不暴露自己，不容易接近，很难交到好的朋友。也有的人容易忽视人和人之间的距离感，把自己所有的喜怒哀乐一股脑地倒给身边的人，或者交浅言深，或者举止轻浮。这些都是不得体的表现。

第五，持有谦虚、学习的态度。

与人相处，自己是什么样的状态最容易让别人接受呢？最重要的就是谦虚。因为我们每个人都没有世界上所有问题的答案，任何人都有一些我们自己不具备的东西，所以在和他人接触的时候，要抱着学习的态度，放低自己，认真地去从他人身上汲取知识，汲取经验，汲取智慧。

同时，谦虚不代表把自己表现得一无是处，低三下四，那么别人也不会瞧得上你，愿意与你接触。真正的得体是在谦虚的同时，做到下面一条。

第六，持有自信、自然的态度。

自信是指因为自知而带来的自我肯定。清楚地知道自己是谁，有什么样的优势，有什么样的特点，甚至缺点，相信通过自己的努力可以完成一定的挑战或者做出一定的成果。一个人有自信，他就不会无故怀疑自己，否定自己，给自己设置恐惧，也不会觉得自己低人一等。这样他对别人的态度会更自然。

当你看到一个人非常谦虚地对待别人，为他人服务，处处为他人设想，但又不让你觉得是刻意奉承、巴结讨好的时候，往往就是因为这个人充满了自信，所以他对待别人的态度非常亲切自然。

了解以上六点，应该说我们就掌握了一些如何得体地与人相处的门道。但是从知道到做到不可能一蹴而就。你可以在平时多多观察，注意留意身边为人处事得体、让你感觉舒服的人，看看他们在各种情况下是如何应对的。见贤思齐，让我们积极学习他们，从一点一滴做起，练习如何讲话，如何做事，如何为人。从真诚的角度出发，把握分寸，调整火候，适当地注意方法，慢慢变成一个行为处事得体的人。

热情也有错？别忘了一个“度”

刘欣（化名）问了我一个问题：

“前段时间因为孩子上学，结识了一所学校的校长，年龄差不多大，高冷范儿，虽然不太熟，但一顿饭后也有一些了解；之后孩子录取，为表示感谢，我挑选了几本书送给她和她的孩子，送书的时候我们聊得很投机，她也对我表示感谢。因为我对您的课程的感受颇深，就把人脉课、激情课的课程以及内容大致介绍给她，并推荐她听喜马拉雅电台的试听课，她当时也挺感兴趣，说有空会听，回家后微信上又简单聊了几句，当时我感觉很开心，很有成就感。

“看到她在朋友圈转发育儿方面的文章，我也主动评论，她还给出了回应，这也让我信心倍增。过了几天，我又邀请她来参加线上视频分享会，她并未回信息，当时想着她忙，或不想参加，也没继续联系；三五天后，我听到有关儿童财商的管理课程，也分享给她，仍然没有任何回复。

“想请教老师，是不是我过度热情，导致对方对我有戒心了？还是其他方面的可能？”

看到她的问题，我首先笑了，这么忠实的粉丝，一直帮我推课程，怎么能不让我感觉欣喜呢？但是，让我们来分析一下刘欣和校长接触过程中有哪些做得好的和做得不合适的地方吧。

做得好的地方包括：

1. 积极表达感谢，挑选合适的礼物；
2. 积极分享信息；
3. 积极跟进；
4. 积极的朋友圈互动。

看到这么多的“积极”，是不是在搭建人脉中就是最好的表现了呢？言之过早。

让我们讨论一下积极和热情，是否应该有个度？

和陌生人见面的时候，首先要对一个人的背景进行了解，来找出和对方容易发生连接的点。网络上的公开信息，这个人朋友圈的信息或者见面第一次吃饭所聊的内容，都是你对一个人初步判断的情报基础。在网络上查不到一个人的情况并不稀奇，加了微信以后，很快你应该可以从她的朋友圈（假如她发朋友圈的话）

的分享里看出一个人的关注点，一些观点和立场，生活情趣等等，特别是通过一次饭局，你应该了解到一个人最关心的东西是什么。

我没有见过这位校长，所以对她的反应不能妄加评论，但是从刘欣的介绍里，我们能看出的线索包括 30 多岁，高冷，一所私立学校的校长，一位母亲，关心育儿和教育。

从这几个信息来看，能够和她找到连接的点应该包括育儿话题、教育话题、职场话题、女性的事业和家庭的平衡问题，以及中年女性可能关注的美容、健康、美食、旅游、书籍、电影等其他通识话题。

根据她的高冷性格和校长身份，有两个特点可以推断：第一，不喜欢主动去和他人打交道，或者因为被大家所求的校长的身份，必须要端着一些；第二，由于是高需求的私立学校，校长要摆平的关系众多，而且学生家长大多是各行各业的佼佼者，所以校长应该拥有丰富的人脉资源。

从这些背景资料和对她的粗略判断，我认为她之所以没有再回应刘欣给她积极推课的信息，大概有以下几个原因：

第一，感觉刘欣太过殷勤，短短几天之内，推荐了三个课程给她，压力太大。别人给我们介绍一个东西的时候，尤其是付费的东西，第一次，我们会感兴趣地聆听，但是反复推销的话，心里就会产生抵触，感觉有被销售的压力，也对对方产生戒心，觉得对方一定是有利可图，才会如此积极。

我也有过类似的经历。以前一个朋友给我介绍精油的好处，结果我买了两瓶试了试后，她几乎每两三天就在微信上给我发各种关于精油的视频、促销品或者打折信息，渐渐地我就怕了，也烦了，感觉她就是要多卖给我精油，我们的朋友关系变质了。

第二，本来刘欣是一片热忱地分享给自己带来重大影响的课程，却因为不是校长的关注点，而造成了误会。校长可能觉得刘欣低估了自己，心里嘀咕："她为什么一直给我推人脉课？激情课？难道我没有足够的人脉？还是觉得我缺乏激情？"

第三，频率太高、密度太大的跟进并不是合适的跟进。双方只吃了一次饭，送书给对方表示感谢就是非常恰当的跟进方式，加微信互动也是得体的保持距离感的维护联系。仅有一次饭局交情的人，不适宜隔三岔五地私信对方，即使是出于好意。用通俗的话说，就是你们的关系没到那个程度，频繁私信，让人觉得过界了。

那么，一个适度的跟进应该是怎样的呢？

头几步刘欣做得很好。第一，孩子录取后，买书送给校长，表达感谢。第二，和对方分享了自己喜欢和关注的话题。第三，加了微信，在朋友圈互动。

下面的几步应该是这样的：

过一两个月左右，如果你在网上看到和私立学校或者儿童教育相关的真知灼见，不妨私信分享给对方，问问对方对这篇文章的观点是否赞同。或者如果你看到网上有报道和对方学校相关的内容，可以转给对方，问问她怎么看这篇评论。根据她的回答，说出你自己的观点，可以讨论和请教。

过一个季度左右，在孩子开学前邀请校长吃一次饭，以不带孩子的工作午餐为最佳，利用这个一对一的机会，了解校长工作的喜悦和挑战，向校长请教一些孩子教育的问题，谈论一些带孩子参加的课外活动，看看校长有没有好的亲子活动建议。这次饭局的主要目的就是多了解对方的关注点、兴趣点和困惑点，注意多聆听，多学习，多吸收，顺着对方话题分享你所知道的信息。最后，记住感谢对方抽出时间和你吃饭，并把孩子未来在学校的情况托付给校长，对此提前表示感谢，表示希望能和对方继续保持沟通。

那刘欣目前还有补救措施吗？有的。

先把这个没有下文的对话放下一段时间，不去理睬。对校长的朋友圈点赞和评论正常进行，但是不要在一个月内私信对方。

过一个月左右再和对方分享一篇与对方兴趣点一致的文章或者观点，询问对方的意见。如果得到了回复，再过一个月左右，可以适时邀请校长吃个工作餐，聊一下。

未来反正孩子在学校上学也会抬头不见低头见，所以这个关系的维护频率应该在每季度一次互动。

人和人交往都有一个度，尤其是把陌生人变成熟人这一步，除了你和某些人有特殊的化学作用，一见如故，其他都不可能一蹴而就。一上来就自来熟，然后出于好心也好，出于利益也罢，一味狂追猛打估计会把大多数人吓跑。适时适度地保持距离的联系就是初识时最恰当的。随着时间的推移，你可以通过创造一起吃饭的机会来加深和对方的友谊。

相信随着经历和历练，你会逐渐掌握这个度，轻松自然地交到朋友。

性格内向的人，如何扩大朋友圈

瑞士心理学家、分析心理学的创始人卡尔·古斯塔夫·荣格（Carl Gustav Jung）是首位定义心理学中“内向性与外向性”概念的人。

他认为每个人都属于“内向”“外向”两种性格中的一种。内向性格喜欢独处、思考，深思熟虑并且善于自省。内向性格的人可能对于参与他人的活动不感兴趣。外向性格富有活力，生动并且喜爱参加活动。他们在意外在世界的感受、物体与行为。他们极可能在独处时感到无聊。

必须承认，这个世界是有外向偏好的。为什么这么说？“会哭的孩子有奶吃”不就是一个例子吗？你常常会看到外向的人善于表现自己，因为他们爱说话，爱结交，所以在人脉搭建上也是如鱼得水，身边总是能围绕一些朋友，也更容易获得重视，得到资源和帮助。

很多人都说自己是内向的，不喜欢，也不擅长交际，或者害羞，不习惯于主动交往。也有人说感到精力不够充沛，见多了人，甚至说多了话都感到累。那么内向的人在社交中真的处于劣势吗？

当然不是。很多专家学者在内向者的优势上已达成共识，那就是内向的人与他人工作关系更融洽（特别是在一对一的关系中），友谊更长久，与人交往时自我驱动力强，注意力更加集中，善于自省，有责任感和创造力。

20 世纪 60 年代，心理学家汉斯·艾森克（Hans Eysenck）提出一种理论，他认为内向的人本身有很高的“觉醒”水平，容易感到刺激过度，然后就需要通过独处来恢复精力，储备能量；而外向的人天生的“觉醒”水平低，需要更多来自外界的刺激才能保持警醒，他们反而是从和他人的交往中获得能量。

虽然我是外向的人，但是我身边有很多性格内向的朋友，我观察到他们各有优势，工作生活上也取得了非凡的成就。

比如，我的大学同窗，知名投资基金的创始人，内向，但是他做事很专注，思想有深度，有着敏锐的洞察力和惊人的执行力。

再比如，我以前在对冲基金时的合伙人，内向，不常表态，但总是一语中的，他有着强大的自我认知，是一位出色的领导者。

还有我最信赖的朋友，斯坦福大学的博士，内向，享受独处，不喜交际，但是她内心情感丰富，最会聆听，富有同理心，又守口如瓶，她是任何人都最值得交的朋友。

了解了内向性格这么多的优势，内向者应该如何突破自己并且利用自己的优势去社交呢？几点小建议：

第一，把社交提到日程上来，给自己规定社交活动，每周有计划。内向的人更喜欢独处，所以如果可以选择的话，你可能宁愿在家里宅着，也不愿意出去社交。所以我想邀请你把社交活动放进自己的待办清单（to-do list）。当你把社交活动放入计划当中，比如每周一次和同事一起用餐，或者每两周一次和朋友喝茶，或者每月参加一个社交活动，就有了一个外在的推动力。按照计划去执行，直到能把搭建人脉融入你的生活。

第二，建立一对一的关系。内向者不需要成为交际花，所以即使你去参加大的会议或者聚会，也应该着重建立和经营一对一的人际关系。和一个人深入地聊一聊，会后 24 小时内跟进，而不是像走场的蝴蝶，最后只能把你自己弄得筋疲力尽。每次约朋友，只约一个人，通过集中精力关注对面这个人，深入对方的心，从而成为更好的朋友。比如有的内向者根本不喜欢去 party，而喜欢去逛图书馆。那么周末在图书馆待上半天的话，很可能会在那里遇到同样爱书之人，也可以交到朋友。

第三，给自己创造演讲和发言的机会，让别人来找你，变被动为主动。内向者很适合做专家，因为他们喜欢钻研。当你在某一领域有了一定的见解，就可以争取一些演讲、发言、讲课的机会，把专业知识传授给他人。在这个输出的过程中，因为你会站在主场的位置，站在聚光灯下，那么听众就会主动来和你接触，你就自然而然地获得人脉了。

第四，动静结合，让自己及时充电，不要把精力耗干。内向者从独处中获得能量，而在与人相处中消耗能量，一定要注意给自己及时充电。每周不要频繁地安排对外的社交活动，找到自己可以应对的频率，给自己足够的休息时间，即使就是在家里宅着，看书，听音乐，也对你的能量恢复有很大的好处。

第五，勇于走出舒适区，一点一点建立自信。凡事不求一蹴而就。习惯了独处的内向者，一下子让你跳出去主动社交，你可能会非常不习惯，因为你在舒适区里面待的时间太长了，很担心迈出舒适区就会恐慌。我想告诉你的是，在舒适区外面，其实是非常宽敞的学习区，而不是恐慌区。在这里你可以一步一步地练习社交技巧，从 0 开始，从 1 做起，在摘获每一个小成果之后复盘总结，自信心就会增强。比如说，你第一次去出席一个行业会议，那么你的目标不是要成为会议上的明星，只要认识一个人，能和你有深度的连接和后续的跟进，就可以了。晚上回到家，拍拍自己的肩膀，说："我做到了。下次一定能做得更好。"

第二章

如何把陌生人变成熟人

从 1 到 N，我是这样开始的

1996 年，大四，我拥有了第一份工作。大学闺密给我介绍了GE（通用电气）飞机发动机部门一个负责催款的兼职职位。

买了条百图连衣裙，拿着一个人造革包，我走进了国际大厦，从大学校园，第一次进高档办公楼，看到穿着得体、楚楚动人的两位前台小姐，我手足无措。

我的直属上司其实在美国，通过电话对我进行了简单面试后，我就上岗了。那时我英文还不怎么好，不能完全明白他说的所有的话，只记得自己说："I won't let you down.（我不会让你失望的。）"

抓大放小，从"一"开始

上班第一天，老板寄来了一大摞发票对账单，这几十页纸是各大航空公司和航材公司欠 GE 飞机发动机部门的发票号、运单号和金额的明细表。我一看，当时头就大了，七八个航空公司，几百笔旧账，上千万美元我可从何收起呀？

老板告诉我，优先考虑 5000 美元以上的大发票，从一个航材公司开始。他给了我航材公司一个财务人员的联系方式，跟我说，只要说是老板的助理，负责收账就好了。

的确，做什么事都要抓好开头，找出着眼点和入手点。

和陌生人找到连接点，把他们变成朋友

跟客户介绍自己，是我克服恐惧的第一步。我一字一句练习自己的开场白：我是 XXX 的助理，负责把公司的老账收回来。刚刚入职，还需要您的帮助。不知我是否能到您公司跟您碰个面，对一下发票的情况？

在拥挤的国企办公室里，我见到了第一个客户 B 女士，是一个比我大几岁的女孩，但已经可以看出她的老练。因为年龄相仿，又都是女性，我觉得很亲切。我问她这些大金额的发票什么时候才能付款，她让我把相应的运单都找出来给她，有了运单才能付款。

我回去跟老板汇报，让他把历史运单都寄给我。我把发票和运单一一对上，整理好，再约 B 女士见面，之后又邀请她下班一起吃晚饭，很快聊着聊着就成了朋友。以后这个航空公司的账就比较容易收回了。

广州客户的收款，全靠了Z大侠。Z大侠是航空公司财务部门的工作人员，头一次打电话，听出年轻的声音，他就问我的背景，我感觉他很喜欢聊天，我们就开始聊，聊着聊着发现他和我一样喜欢武打小说，我就随着他的朋友一样，叫他Z大侠。我们每周差不多通一次电话，我来催催他们这边的付款情况，聊聊看的武打小说，聊多了就成了朋友。

老板给我下命令，圣诞节前要收到一大笔欠款，我说时间太紧，很难做到。再说我还要期末考试呢。老板说："我信任你，给你的任务，你无论如何也会完成的。"他这样一说，虽然我有畏难情绪，但也激起了我的好胜心。

我给Z大侠的D经理打电话说：请求您能在圣诞节前付款，我们公司圣诞节放假，钱在节前一定要到账。不然，我飞到广州，在您办公室安营扎寨也得把钱要回来。D经理操着南方女性糯糯的语气说：你来了我现在也没钱呀。

除了威胁D经理，我还要做Z大侠的工作，请求他帮我盯着，看钱什么时候可以付出来。一天他打电话跟我说，刚刚有了一笔大的进账，现在我可以去找他老板了。我马上给他老板打电话："D经理，能否先把我们公司的欠款打过来呢？我老板在美国真的很着急，他有硬性指标，必须圣诞节前到账，不到账的话我的工作和他的工作都没法做呀。"想是D经理禁不住我三番五次的催促，真的在圣诞节前把钱打了过来。

这个事情教给我，看似难以达成的目标，只要努力和坚持，都有它的可能性。同时，更重要的是，我认识到只有学会把陌生人变成朋友，才可能拥有助你取得成功的有效人脉。

遇到困难，寻找资源来解决问题

北京的客户容易接触，因为可以见到面，但是上海、广州、成都的客户鞭长莫及，我怎么去收呢？这个需要学会利用其他的资源。

我们 GE 在上海有一个销售代表，X 先生。他是东南亚华侨，中文不大灵。我每次都要鼓起勇气跟他讲英文。当时我的英文还不太好，所以每次电话对话，都要事先打好腹稿，彩排再彩排，紧张得不得了。直到有一次所有销售代表来北京开会，我见到了他，是个五十岁开外的老先生，脸膛黑黑的，他说话虽然严肃，但是笑起来和蔼，我就壮着胆子请求他帮我和航空公司沟通，他也痛快地答应了。所以上海的账以后我就交给他了。

我给成都的客户打电话催款，他们可没有那么客气，很恼火地说上次卖给他们的起落架有问题，还得找 GE 的麻烦呢。听到客户口气这么硬，没有办法，我只好找公司负责客户服务的领导去帮忙，告诉他我遇到的投诉，希望他能跟客户直接沟通，解决他们的问题，这样我才能把欠款要回来。客户服务部门副总的沟通，解决了客户满意度的问题，我的欠款也就很快到位了。

举这几个例子，是想告诉你，工作中我们都会遇到各种各样的挑战。作为大四学生，我在做第一份兼职工作的时候，就开始体会到职场的不易。

我们遇到困难时，不是首先被困难吓到，而是马上寻找资源，寻求帮助。清楚地告诉他们你需要帮助的原因，和对他们工作的影响，真诚地、虚心地请教。一般资深职场人士都会帮一下好学、努力的菜鸟的。

和老板要经常沟通

我的老板远在美国，当时电子邮件还刚刚开始用，我做的是兼职，没有自己的公司邮箱，和老板之间的沟通都要通过秘书的邮箱、传真或者电话。我一周工作两天半，每天工作完毕，都会给老板发一封传真，汇报一下当日工作的进展，如果有需要老板提供的任何信息和帮助，我也会写在上面。老板很忙，顾不上回信给我，有时隔一个星期才会打电话给我，但是每周例会时，老板会打进来，我可以听到他对业务的要求，会马上去执行。

跟老板的沟通是非常重要的。如果你闷头苦干，不跟老板汇报，老板可能会觉得你在拿钱混饭吃，不知道你的进展、困难和需要，他对你的工作很难会满意的。当你需要他的资源和帮助时，或者你的工作受挫、有滞后的问题时，要及时沟通，这样他可以给出应对的方法，帮助你把工作完成。

你的工作，是帮助老板做好他的工作，使他获得成功。他成功了，也会更努力地帮助你事业的成功。

找到自己的优势

短短六个月的工作（其实只有三个月，因为我一周只工作一半的时间），我发现了自己的优势：不是在电脑前做表格，而是跟别人交流与沟通，把陌生人变成可以信赖的朋友，利用资源协助自己完成任务。我喜欢合作性的工作，与人建立良好的互助关系，不喜欢和别人发生冲突。

发现自己喜欢什么，擅长什么，对今后的职业选择具有极大的指导意义，尽量扬长避短，发挥自己的优势。

六个月之中，我成功地收回了2000万美元的旧账，为此老板给我颁发了“GE管理奖”，并给我写了推荐信，说我非常敬业（work ethics），非常善于沟通（communication skills），能够机智地利用资源解决问题（resourceful）。后来，GE的CEO杰克·韦尔奇先生在美国当面称赞了我的工作。我对此非常自豪。

第一份工作是我这一生最难忘的，在这份工作中我找到了自己的优势和激情，从一个联系人开始，搭建了一张人脉网络。我的老板从开始远距离地欣赏我的工作能力，到两年后亲自见到我，与我相知相恋。我呢，则收获了老公。没有什么比这个更有意思的吧？

如何与他人快速建立连接

自从我的公众号攒足了一些粉丝后，总有一些广告合作找上门来，都被我婉言拒绝了。说实话我没有精力来甄别优劣，但也有一个例外。

一次，我收到留言："我是乐乐，北京人在洛杉矶，之前一直做小学老师，在明尼苏达州的某市教书。现在做在线英语。请问您的公众号接受广告吗？谢谢！"这条留言引起了我的注意，我不仅加了她微信，还同意给她发广告了，为什么我会如此区别对待呢？因为我家住在这个城市，我儿子曾经在她任教的学校上学，另外她也是北京人，她写下这些信息的时候不一定是有意识的，但已经有效地跟我建立了连接。

我们初识一个人，什么是最有效的建立连接的手段？

找到和对方的共同点。

为什么人们愿意与有共同点的人连接呢？

中国的老话“物以类聚，人以群分”，大概就是这个意思。好像动物，同类聚在一起，是对自身安全的一种保障。和相似的人聚在一起，最开始可能也是自身生存和安全的需要。

明尼苏达大学卡尔森商学院的研究表明，人们总是更喜欢和自己相似的人。人们会不自觉地把和自己相似的人当成“自己人”（self），把与自己不同的人当成“其他人”（others）。身份的认同说到根本就是“我是谁”。每个人都有各种不同的身份属性，比如说我是一个基督徒，是一个热爱写作的职业女性，也是一个母亲，我热爱体育活动，也喜爱古典音乐。

每个人的不同身份中自己认为最重要的属性，就是用来识别“自己人”的关键。

血缘、基因是最重要的属性。双胞胎，一家人，再大到部族，这些人都分享着一定的共同基因。基因本身不是那么容易识别的，一些关于基因的线索就被人们用作识别“自己人”的重要条件，比如肤色、宗教传统、饮食偏好、出生地、身体特征等。

除了基因和血缘以外，其他因素，比如年龄、时代、共同的兴趣爱好、文化等等，都可以帮助人们找到自己的团体。

我们华人在国外，因为文化背景相同，最容易和其他华人建立亲密的朋友关系。1999 年，初到美国的我人生地不熟，见到每一张亚洲面孔都觉得很亲切，一见面就会问人家："你是中国人吗？"在哈佛商学院那两年，我最好的朋友都是华人同学。

我们那一年有 7 个从中国大陆直接来哈佛商学院读书的同学，从中国香港、台湾来的或者已经在美国学习生活过几年的大陆同学加起来也有十多个，还有十多个 ABC（在美国出生的华人），再加上东南亚各国的华侨，应该说有四五十人都有华裔血统。相似的文化，让华裔同学之间天然有一种亲切感。

开学不久，就是中秋节，几个中国同学提议大家一起包饺子，我们自己和面拌馅，一边包一边煮，好不热闹，这也是第一次华人相聚活动，一下子拉近了同学之间的距离。

中国人爱好美食，以食物为由，能交到很多朋友。刚一上学，老公就给我买了一只电饭煲，因为学校食堂整天都是比萨饼和三明治，咱们这个中国胃吃几天西餐就受不了了。有了自己的电饭煲，我在宿舍的楼道里不仅可以煮米饭，还可以用它炒菜，做火锅。食物的香气引得宿舍楼里的华人同学纷纷过来和我聚餐，有的 ABC 同学也学我的样子买了电饭煲，我就教他们怎么做西红柿炒蛋。一到周末，我们华人同学不是去中国城聚餐，就是到我宿舍的楼道小厨房里，拉几把椅子，一起吃火锅。食物是连接人的最好中介。

在哈佛商学院第二年时，我和老公搬到一个两室一厅的宿舍，我家成了华人学生聚会的场所，我们还置办了卡拉 OK 设备。过春节的时候，我们家能塞下三十多位华裔同学，一起吃饭，唱卡拉

OK，热闹非凡。

卡尔森商学院的研究进一步指出：对“自己人”身份上的认同感会让人和人之间产生更多的信任、互惠，因为共同的语言、习惯、想法会减少人们对被利用的担心。人与人之间的联系会因为减少了不信任的成本而变得更高效。人们也更容易为“自己人”做出牺牲。所以人们在与初识者接触的时候，都更愿意与有共同点的人接触，更喜欢身份属性相似的“自己人”。

人和人之间的共同点可以表现在多种方面。比如家庭，性别，年龄，工作，民族，文化，国籍，政治观点，宗教信仰，穿衣打扮的方式，社区团体，兴趣爱好和娱乐方式，知识水平，社会经济层次，情绪，音乐偏好，体育运动，美食，性取向，等等。相信我，每一个人和其他人都能够找到一定的共同点。

在和初识者接触的时候，怎样才能让对方产生好感呢？

找到对方的关注点。

美国心理学家卡耐基先生认为：人心中最关注的是自己是否被重视，是否被认可。所以以对方为中心，就是找到对方关注点的基础。

我们用一个简单的办法，从外观上最容易判断的身份属性出发，把人按年龄和性别这两大类来分为几种组合：比你年长的男性，比你年长的女性；年龄相仿的男性，年龄相仿的女性；年龄相仿的异性之间。

第一，年长男性。需要感受到被尊重，他们的人生经历足足可以写成一本书了，所以你对他们人生经历的了解可以是你们沟通的起点，你用人生、职场或者生活中的问题积极向他们请教，就是一个很好的连接点。他们一般喜欢阅读书籍或报刊，对历史、政治、哲学很可能都有研究，所以如果你引出一个关于这些方面的话题，最好要对这个方面有一定的了解，可以发表自己的看法。如果他提出的话题，你一无所知，很可能会被他轻视。你的父亲如果与他年龄相仿，有关老人的话题就是一个很好的共同点。

他们可能对身体健康格外重视，会很高兴听到对方称赞自己身体好，精力十足。如果你有什么对身体好的补品，就是比较合适的贴心礼物。

子女往往也是年长男性津津乐道的话题之一，他们会很骄傲地称赞自己的子女，也可能会发两声抱怨，这种时候，称赞他教子有方一般是会让他很开心的话题。你要是能给对方的子女任何帮助，年长男性会非常感激的。

第二，年长女性。年长女性需要感受到被关爱。先生、孩子都是她们最重视的。你对她如对母亲般的敬佩和爱戴，很可能会和她产生出强烈的连接感。她们内心的自我意识不一定是最强的，如果你能唤醒她的自我满足感，比如问问她生活中的激情和爱好等，就会深得对方的心。夸夸对方保养有方，显得比实际年龄小也是她们非常喜欢听到的称赞。如果她已经有孙辈，那么要求看孙辈的照片，讨论一下孩子的性格模样，一定会让年长女性非常开心。

第三，年龄相仿的男性之间。年龄相仿的男性往往对工作、运动、旅游、读书、游戏等话题感兴趣。如果你们中间有共同的朋友和熟人，这就是一个共同点，相似的教育背景、从事的行业、工作经历等相似点，都可以把你和对方快速连接起来。你可以很自然地邀请对方一起去看体育比赛，或者一起去打球、运动，或者谈论哪款网游产品，分享最近购买的好用的工作和生活用品，好听的“得到”课程，这些是男性之间最容易聊起来的话题。

第四，年龄相仿的女性之间。年龄相仿的女性之间可以用美容保养、身材维护、时尚搭配、孩子教育这些话题来破冰，并且敞开自己。如果你能在这些问题上给对方任何有益的建议，那么你很快就可以成为对方愿意结识的朋友。很多女性喜欢美食和旅游，那么一些餐厅的建议和旅游地的攻略，将是你和她互相交流的重要连接点。

我还是职场菜鸟的时候，和我的直属女老板汇报工作之余，或者我已经是公司副总，和集团 COO（女性）面谈的时候，都会赞美她们精致的服装搭配，向她们请教职场穿戴的小窍门。听起来很随意是吗？但是因为是和职场如何穿着更得体相关的，又表达了我对她们的赞美和欣赏，她们都非常乐意和我分享，我们的关系也更近了一层。

第五，年龄相仿的异性之间。在没有恋爱冲动的中青年男女之间，最可能的共同点和安全的话题包括教育背景，职业背景，子女教育，对方配偶，家庭一起从事的周末休闲活动，让对方介绍一些 TA 喜欢看的公众号或书籍。可以邀请对方（包括对方的家庭）一起参加一些公益活动、郊游活动、家庭间的饭局和读书会，介绍一些你参加过的好玩的活动或者新鲜的餐厅和演出，等等。

以上这样的划分只能是粗线条的概括，根据你初识者的身份、背景、职业、喜好等等，具体情况具体分析，要注意话题的选择和分寸的掌握。初次见面不宜涉及太多家人和个人情况，接触几次以后，这些话题会自然浮出水面。比如你可以问对方上个周末做了什么，或者是这个周末有什么特别安排。水到渠成。

与人初识，从共同点出发，发现对方的关注点，是与对方产生有效连接的重要步骤。那么，换个角度，如何让对方记住你，并且产生愿意与你继续交往的愿望呢?

这里有几个窍门。

第一，双方有共同点。

这一条我们刚才已经讲过，共同的学校、专业、职业、经历、年龄、爱好等都可以让对方更容易记住你，愿意和你连接。

第二，你身上的亮点和特点。

每个人身上都有特点。也许你的名字很特别，也许你的美貌气质让人难忘，也许你的热情和真诚让人受到了感染，也许你有一个非常特殊的爱好。你本身对什么事情真正有激情，就把它展示出来，谈论你真正有激情的活动的时候，你整个人会由内向外地发光，这种光能够深深地打动对方。

有一年夏天我到意大利参加一个婚礼，婚礼现场布置精美，气氛热热闹闹，按说在这样的场景下很难和谁能建立更深的联系。但是，在众多的婚礼宾客当中，John 给我留下了最深的印象。他和我们坐一桌，开始自我介绍的时候他说自己做金融投资，当时因为整个一桌的宾客都是做金融投资的，他没有引起我的特别注意。

一会儿上了牛排，坐在我旁边的 John 问我调料好不好吃，我说好吃。他说那是他调制的，并且马上说出了他用的几种特别的调味料。我因为也爱好美食，看他对烹饪如数家珍，就产生了好奇心。他说自己因为热爱烹饪，还投资开了几家餐馆，从日餐到四川麻辣烫，各种风味。他说到自己用七道风味迥异的中餐征服日本寿司大神的故事时，双眼放光，整个人就像一个发光体，我不由得就被他吸引了。

第三，你能为对方提供价值。

一个好的人脉关系，是从为他人创造价值开始的。

《别独自用餐》一书的作者法拉奇先生，出生在一个非常普通的家庭，父亲在一家钢厂当工人，母亲给镇里的医生、律师家里打扫卫生，这样的出身，应该说是没有任何资源和人脉优势的。他小时候在一家高尔夫俱乐部当球童，给一位叫 Pohland 的女士服务。小法拉奇会关心这位女士，为了她的健康，甚至帮她把香烟藏起来。每次比赛前，他会提前到球场帮她查看果岭上各个洞设置的好坏，会提前测试果岭上球滑动的速度。他这样细心的服务，帮助 Pohland 女士赢了不少比赛，这位女士也就开始向朋友们炫耀，推荐法拉奇先生。

法拉奇先生工作非常卖力，很快就获得了“年度最佳球童”称号，也就有机会为更多大人物服务了。他从当球童的亲身体验中总结出，你帮助别人，别人往往也会帮你，这就是互惠原则。我们足够“在意”别人，就会付出超出常人的努力去为别人服务。

好的人脉搭建者会自然而然地为别人服务，为别人着想，为别人造福。即使初次相识，在谈话中，你也可以细心地发现对方的需要，为他人提供帮助。比如说与你见面的人有点咳嗽，你可以帮她买点药或者分享一个偏方。比如你看到对方的办公室有某种球，就可以邀请他去看一次重要的比赛等等。

发挥自身优势，为他人创造价值

要想为他人创造价值，首先自己要有价值。可惜，很多人在社交中缺乏自信。

在前一章，我讲过挖掘自身优势和价值、提高自我认知的方法。下面，我再给你讲一个我在哈佛商学院的经历，由这段经历可以看出，每个人的价值在初次见面和深度聊天中都在被他人默默地衡量着。

哈佛商学院每年新生近 900 人，一开学，要学习三周的基础课，在这三周里，各种课程与班级都是随机安排的，就是给大家一个互相认识结交的机会。

所有课程都是案例教学，上课不是老师演讲，而是由学生课前自己学习案例，上课只用讨论发言的形式来学习。所以为了能够充分地做好课前准备，同学们都会自发组织学习小组，这也是哈佛商学院的一个特色。

每天课前，学习小组的同学聚集在一起，讨论当天要讲到的案例，各抒己见，头脑风暴，分享自己对案例的看法和分析。学习小组讨论之后，大家上课的时候准备会更充分，发言也能够更加深入。有些同学如果没有时间读完所有的案例，借着学习小组同学的笔记，也能应付冷不丁的提问，所以大家很依赖学习小组。但是如果一直不准备，不贡献，总是依赖于其他同学，这个人恐怕很快就会被小组开除出去了。

大家根据自己在前三周认识的同学的背景、兴趣爱好、投缘程度自愿结合，比如投资银行出身的同学，会找管理咨询的同学，再找一个企业运作的，或者一个非营利组织的，还希望有不同国家的同学加入到组里来，以保证组内成员的多样性，这样同学们看问题的角度会不一样，对各种行业、各种话题的案例能够做出最佳的准备。

加入哪个学习小组，是我在哈佛商学院第一次人脉搭建的考验。为什么这么说呢？还要从每个同学的职业背景说起。

来自麦肯锡、贝恩等知名咨询公司的同学，和来自高盛、摩根士丹利这种大型投资银行的同学是哈佛商学院的中源主力军，这些同学以其久经培训的战略性思维，高超的数据分析能力，强悍的 PowerPoint 和 Excel 制作能力，成为各个学习小组的抢手成员。另外一部分学生来自 GE、宝洁等 500 强企业，他们往往能带来丰富的运营管理经验或者是财务经验，对市场营销、财会、金融这种一年级的必修课可以提出很多洞见。还有一部分是会计师事务所出身的注册会计师，他们在会计课上就是闭着眼也可以得A，对学习小组也可以有诸多贡献。

除了这些主流生源，还有一部分学生打的是差异化的牌，我当时的同届里有美国海军陆战队的成员，有中学校长，有公务员，还有欧亚大陆上一些国家的王公贵族。

进入一个学习小组，就是要进行自我推销，我能给这个小组带来什么价值？是行业经验，特殊才能，还是国际背景？大家都希望自己的小组有不同背景的同学互相补充，所以自我介绍和推荐是相当重要的一环。

每个人都有自己的价值，如何对自我价值有清晰的认知？

首先要挖掘自己的优势。在你的一生当中，哪些经历是让你骄傲的？你的“巅峰时刻”是什么？你最大的成就是什么？你的激情在哪里？你做什么觉得得心应手？

比如有人说：我在一个都是教育创业者的微信群里面，大家都是创业公司的CEO，我只是一个编辑，能给对方提供什么价值呢？我跟她说，可以采访这些群友，为他们写宣传文章呀！通过这个采访，不仅能够把他们的事业经历和人生阅历分享出去，还可以给你自己带来更多的资源，通过你的采访和了解，你可以帮群里的人牵线搭桥，这是多么大的价值呀。

其次，从亲人和朋友那里了解他们对你的优势的评价。你真诚地寻求亲朋好友的反馈的过程，也是一个你对自我再认识的过程。真诚的反馈对你找到自己的优势会有意想不到的效果：你习以为常的事情，在别人看来可能就是你的闪光点呢。

我们认识到自己的价值，能主动为对方提供价值、创造价值，别人才更愿意跟我们结交，我们的人脉才会越来越广。

如何与初识者有效、迅速地建立连接，其根本是要有一颗真诚的想要了解对方的心，对人充满好奇心，积极寻找共同点，在谈话中发现对方的关注点，平时积累自己的价值，做个丰富有趣的人，为对方主动提供价值。记住这几点，把任何初识者变成朋友都不是什么难事了。

如何远离尬聊

总有人问我，和别人聊天怎么才不至于陷入尬聊的境地。请看下面的事例。

小美想和初中的男同学联系一下，因为看到他做了摄影师，觉得很好奇。在中学时也没和他怎么说过话，可是几次微信对话后，好像把天给聊死了。请看下页的截屏。

大家看看，这个微信对话为什么进行不下去了呢？因为同学不做儿童摄影，本来想好的给孩子拍照片的导入语就没了用武之地。提到对方的公众号，表示关注，但是没有提到自己感兴趣的内容以及和对方共同的兴趣连接点，只说更新不多，让对方不好接话。紧接着和一个不熟悉的人开玩笑称对方为“农民伯伯”，更让对方无从接茬。最后说有机会推荐别人来拍婚纱照很好，但是如果最近没有这种机会，就没有给自己和对方连接的进一步可能了。

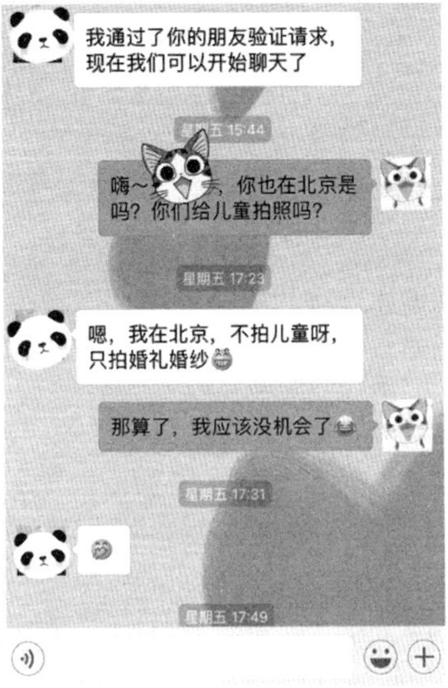
我通过了你的朋友验证请求，
现在我们可以开始聊天了
星期五 15:44
嗨~
，你也在北京是
吗？你们给儿童拍照吗？
星期五 17:23
嗯，我在北京，不拍儿童呀，
只拍婚礼婚纱
那算了，我应该没机会了
星期五 17:31
星期五 17:49

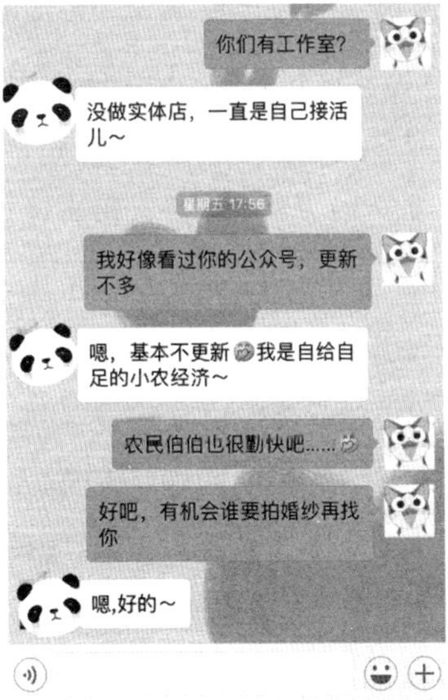
你们有工作室？
没做实体店，一直是自己接活
儿~
星期五 17:56
我好像看过你的公众号，更新
不多
嗯，基本不更新
我是自给自
足的小农经济~
农民伯伯也很勤快吧……
好吧，有机会谁要拍婚纱再找
你
嗯,好的~

积极地搭建人脉要求我们和不太熟悉的人甚至陌生人接触，目的是希望能和对方建立更深层的关系，把陌生人变成熟人，把熟人变成朋友。

不论是在网上，还是面对面，如何进行一次有意义的聊天呢？如何能让对方记住你，并且愿意和你继续交往下去呢？

从上面这个例子可以看出：

第一，怀有好奇心，对 TA 真正地感兴趣。

你对他人感兴趣，试图了解 TA 这个人，是一个对话的重点。人际关系大师戴尔·卡耐基（Dale Carnegie）博士说：每个人内心深处都是要得到别人的认可，要感觉到自己的重要性。当你对一个人感兴趣，聊 TA 感兴趣的话题，重点放在去了解他这个人的时候，聊天就不会进行不下去了。从聊天中你能发现很多关于这个人的真实情况，TA 的爱好和家庭，TA 的欢喜和忧愁，TA 的努力和挣扎，这样你就对对方有了更深层次的了解了。

小美完全可以询问对方是如何进入摄影这一行的。了解他如何入行，为什么对这行感兴趣，酸甜苦辣是什么，这种以了解对方为目的的问题可以引出很多进一步深入的话题。

第二，建立和对方的连接点。

在和对方聊天的过程中，寻找和对方的共同点，是你能继续聊下去的关键。你可以和对方聊兴趣爱好，聊业余活动，聊孩子家庭，聊学习工作背景。你信不信，只要多谈论一些话题，你和 TA 总能发现一些共同点。

比如妈妈们在一起会自然地聊起孩子，分享一些育儿经；男生聊起球类运动，一般都能聊到一块儿去。假如你是和异性聊天，如果对方有孩子，聊孩子非常安全，又能让对方打开话匣子。如果是和年轻的异性聊天，周末你去参加的好玩的活动、新鲜的餐厅、好看的演出、郊区的农家乐，甚至邀请对方参加你去的一些集体活动，都是很好的切入点。

美食、旅游、书籍、电影、运动、健身、养生、子女都是很容易与别人找到连接点的地方。从这些地方入手。

小美可以回忆一些跟这个同学相关的中学时的记忆，共同的过去会拉近和对方的距离，然后邀请对方一起喝个茶聊一聊天，或者邀请他参加一个你召集的同学聚会。

第三，为对方提供帮助。

我在前文反复强调，一个好的人脉关系，是从让对方受益开始的。

在聊天当中，我们的头脑应该快速运转，想一想自己能为对方创造什么价值。有没有什么人我应该引荐给对方，能帮助到对方的事业或者生活。有没有什么活动能介绍给对方，让对方从参与中受益。有没有什么信息或书籍我可以分享给对方，照亮 TA 的人生。

有的朋友说：我只是一个音乐教师，哪有什么价值能提供给别人？我问："你的热情在哪里呢？"她说自己对如何引导孩子有趣味地学习钢琴和音乐很有研究。我说："与你见面的人很有可能家有琴童，一定会对你的见解感兴趣，想咨询你的意见呢。这不就是价值吗？”

你最感兴趣的事，你的热情所在，都可以为别人提供价值。人在从事自己喜欢的和擅长的事情时是最有魅力的。所以集中精力在你的优势上面，做你热爱的事业。你自身强了，你的价值就会更大。

说到核心，每个人最关心的问题无外乎是这三个：子女、财富和健康。如果我们能围绕这几个核心问题，也是对方最关心的点，分享资源，给予支持和提供服务，那么这种分享就把我们带入到深层次的交往了。

小美可以让对方把一些宣传资料发给自己，她可以帮他在朋友圈和朋友间分享，为对方提供价值。当你主动为对方着想，为对方提供价值的时候，对方一般都不会拒绝你，都会跟你建立更深一步的联系。

第四，不要和不熟悉的人随便开玩笑。

从上面的例子可以看出，玩笑可能是和陌生人聊天的终极杀手。不熟悉的人千万不要随便开玩笑，玩笑的度很难掌握。一不留神，就让对方听得不舒服。其实玩笑不是完全不能开，你可以开自己的玩笑，但不要开对方的玩笑。即使是自嘲一下，也要掌握分寸，不要让人觉得你太不正经，没分寸。

和陌生人或者不太熟悉的人聊天，最好只说正面的积极的话语，不要吝惜赞美。如果有事邀请对方见面，一定把目的用简洁的话语讲清楚，请求对方帮助，而不是用玩笑的口吻让对方摸不着头脑。

所以说聊天还是有不少艺术的。从渴望了解对方的角度出发，多问开放式的问题，善于聆听，努力为对方创造价值。学会聊天，是变成人脉达人的第一步。

一个帮你深入对方内心的问题

见到一个陌生人或者不熟悉的人，在聊天当中，让你问他一个问题，这个问题能让他滔滔不绝，还能把你们的关系推动到一个更深的层面，这个问题会是什么呢？把耳朵凑过来，我告诉你，这个问题就是：

“你的激情是什么？”

不久前，我被教会传唤做“慈助会”会长，慈助会是一个由18岁以上各个年龄阶段的妇女组成的互助组织。作为这个组织的领袖，我需要照顾本地区177位姐妹，帮助她们灵性成长，并且了解和满足她们属世的需求。这些姐妹有的刚刚步入青年，有的已经八九十岁，年龄跨度很大，肤色、教育背景、家庭环境、经济条件差异巨大，大多数人我以前都不认识，怎么能够打破隔膜，建立信任，进入到她们的内心呢？

第一，赞美是打消隔阂的第一步。

我一般会到这个姐妹家探访，一进门，寒暄坐下之后，我会首先看看她家的家居摆设，先挑亮点赞美。有的人家门口花园打理得很用心，夏天绣球花盛开，冬天松枝摆放在长椅上；有的门上挂着别致的柠檬花环；有的沙发靠枕的色彩搭配协调；有的刷墙的青灰色我很喜欢；有的一面墙都是全家人各个历史阶段的相框等等。即使偶尔我拜访过的家庭，房间并不整齐洁净，我也可以夸夸地理位置和小区周围的环境。每家都有自己的亮点，我并不是故意奉诚，而是用心去找到这些亮点，真诚地称赞，立刻能给主人一个好的心情。这样，本来不熟悉的人，内心的防卫会因为这句赞美而放下一些。

第二，问一个最有价值的问题。

自我介绍过后，我就问问这个姐妹她的家乡在哪里，在明尼苏达多久了，家里孩子的情况。但真正能够点燃我们谈话的就是下面我要问的这个问题："你对什么最有激情？"

有的时候，这个问题会让姐妹一愣，她可能会说："我除了照顾孩子，照顾家庭，没什么其他的激情。"这种时候，我就引导她："那孩子长大以后，您自己喜欢做什么呢？做什么的时候会不感到累，会很享受，会产生心流的感觉呢？"这时候，他们好像打开了记忆的闸门，有的会说："我最喜欢编织。"我会让她给我展示自己编织的靠垫、包等，我会拿在手里，认真欣赏，羡慕地称赞，并且会想想有没有其他姐妹也喜欢编织，介绍她们认识。

有的姐妹说：“我最喜欢运动，每周去六次健身房。”那我就跟她请教她在健身房喜欢做什么样的活动。我还会问她怎么能做到如此自律。她可能会告诉我家族有一些遗传病史，所以自己会格外重视健康。

有的姐妹说自己喜欢摄影和水彩，她展示给我自己用水彩为即将出生的宝贝画的字母书，构思巧妙，笔墨成熟，我就问她：“你认识教会里的某某吗？她是一个年长的姐妹，她的先生也是艺术家，希望你们能够互相认识一下。正好那个姐妹有阿尔茨海默症，她们老两口特别希望有人能到她们家聊聊，热闹热闹。我相信如果你和你先生主动去拜访她们一下，聊聊艺术，她们一定会很高兴的。”

有的姐妹说自己的激情是研究和谈论政治，那我就会和她讨论对美国政府一些政策的看法。有的姐妹说自己酷爱读书，我就让她给我推荐几本好书。有的姐妹热爱日式搏击，还得过全美冠军，她就主动把多年前自己写的书和自己年轻时搏击的照片展示给我看，我除了张大嘴表示惊叹以外，还邀请她来教我们慈助会自卫防御的技巧课。

我发现，当人们谈论自己有激情的事情的时候，她们会双眼发光，面部表情生动丰富，会用很多手势，可以滔滔不绝讲上很久。你能看到她们从内向外发出的光，让我真切地感受到她们是神的孩子，神赋予了每个人一定的天赋，我们找到它们，就找到了幸福感。同时，当你真心地去了解，去赞美，去欣赏她们的激情的时候，她们会觉得你真正地关注她，在乎她，支持她，这样你就能获得她们最强的认同感。

第三，用心聆听和顺势提问。

当我们面对一个和自己的教育背景、职业背景、身份地位完全不同的人的时候，怎么把对话进行下去呢？

最关键的就是在你问完那个问题——“你对什么最有激情”之后，你要集中精力仔细聆听。

在这个听的过程当中，表现出你的尊重和重视。人都是希望自己受到他人的关注，获得他人认可的。当你全神贯注地听对方讲话，马上你就获得加分了。

不仅仅要带耳朵，记得也要带着嘴巴，去继续发问。

问什么样的问题呢？当然是围绕谈话对象的激情话题了。你可以问原因，比如“您是怎么发现对烹饪的热情的？”“您的运动天赋是遗传的吗？”也可以问细节，比如“您做时尚买手的时候最喜欢哪个时装周？为什么呢？”“您画的画都是实景写生还是按照片画的呢？”还可以问成就，比如“您靠什么赢得全美搏击冠军的呢？天赋，技能，还是头脑？”“您经营画廊的时候一定能接触到很多有名气的艺术家吧？”或者问反思，“您的这段人生经历对您找到激情有什么样的帮助呢？”“如果青年人也想走这条路，他们有什么必须要跨过的坎儿吗？”

有的时候，你要面对和你背景极其不同的人，俗话说“隔行如隔山”，尤其对方的领域还听起来那么高精尖、高大上，那你应该问什么样的问题呢？

每个人在谈到自己最熟悉或是最感兴趣的领域的时候都最活跃，最自信。知道了一个人的职业以后，因为你对他的行业和工作不了解，所以你可以问他的工作的基本情况，他工作中感到最有意义的是什么？最有意思的是什么？

比如有一次我和我先生跟他的朋友一起吃饭，坐在我对面的男士是在医学院研究所里从事干细胞研究的。我对干细胞不是很了解，所以我就从最浅显的东西开始问起。

“您给我讲讲您做的干细胞研究的主要方向是什么？”他告诉我自己主要研究干细胞是否可以帮助修复心脏，但目前为止还没有成功过。我又问：“我记得我曾经去过的一个实验室在做猪肺的干细胞再生，那心脏和肺在这个领域的主要不同点在哪里呢？”“如果心脏干细胞再生成功，那人的寿命真的是无限的吗？会不会有伦理问题发生？”“您平时做实验的时候，主要拿什么动物做实验呢？为什么选这种动物呢？”“您做的这项研究工作目前还没有明朗的希望，是什么促使您进入这个研究领域的呢？”“您工作中最大的成就感来自哪里？”“您和同业之间会有很多合作和分享吗？”

我的问题真的可以聊整整一顿饭，还意犹未尽。你可能看出，这些问题是由浅入深的，从一般的知识性的了解，到涉及个人的观点、思想、感情和情绪。一顿饭下来，我学到了很多知识，拓宽了视野，对方也因为得到充分的关注而聊得非常开心，这样的聊天使我们的人生更加丰富，精神也更加愉悦。

有的人问我："跟领导聊什么呢？"我建议和领导也要聊他们的激情和优势。你不要认为激情的问题太私人化，不好说出口。你可以先问问领导的职场经历，从小字辈的角度去问问领导是否可以给你一些职场规划的建议。你可以询问领导关于领导力的问题，他是如何培养自己的领导力的？什么给他最大的使命感？他业余有没有喜欢研究的东西或者从事的活动？如果他告诉你他的激情，那么你可以从了解、讨教、咨询的角度去多问问与他的激情相关的问题。

记住，一定不要只是一心想着自己要说什么，陷在对自我关注太多的陷阱里。与人交流的主要目的是去了解他人，请你把焦点放在他人身上，你所有的问题，都应该是以对方为中心的。

第四，适当暴露自己的脆弱和柔软。

我与这些姐妹的交谈中，总会自然而然地暴露自己的一些脆弱。

因为我是头一次在教会中接受这么责任重大的召唤，心里不免没有底。我跟这些姐妹们聊到自己的不足和缺失的时候，她们都来安慰我，说："我知道为什么主在这个时候选择你，因为他需要你在这个时间，做特定的事情。我相信你就是主拣选的那个人，来为我们大家服务，完成主的事工。"姐妹们的鼓励和接受给了我莫大的信心。

我观察到有时人会有傲慢和偏见，常常对他人做出粗暴的评判。即使嘴上不说，仅仅靠眼光，好像也能杀人。我的心为此十分沉重。我带着这个疑问去拜访姐妹，去了解她们的看法，怎样才能帮助大家学习放下评判心。很多姐妹动容地给我讲述了自己的人生当中，是如何受到他人温暖的影响的。即使是在她最脆弱的时候，因为有人伸出手，对她微笑，给她支持而不是评判，就能够帮助她挺过最艰难的岁月。

一个姐妹的长女因为心脏病死在了手术台上，她对我说，"人家都说时间可以治愈伤痛，那是骗人的。即使八年过去了，我心中的痛还在那里，让我痛不欲生"。她的话让我想起自己母亲的离去，我们都留下了思念的眼泪，我们的心一下子变得更贴近了。

我脾气急躁，常常容易因孩子之间的纠纷和孩子的懒惰、没规矩而大为光火。我很喜欢跟姐妹们分享我的困扰，并向她们讨教育儿之道。教会里很多姐妹都有大儿大女了，而且子女数量都比我们多不少，她们有什么高招，能够让自己在保持耐心和冷静的情况下，又能教育到孩子呢？听到我诚心讲出自己的困惑，她们都愿意跟我分享一两个特别的心得。这种以暴露自己脆弱柔软的地方来交流的方式，不仅邀请这些姐妹给我提供了很多有用的资源，比如说暑期班、亲子关系音频和书籍、启发培养孩子的“一招鲜”等等，还能够创造出互相信任、互相支持的氛围。

我总是能从这样的拜访和交流中得到关于亲密关系、亲子关系、与父母公婆的关系，以及如何更好地服务于福音内姐妹的指导。她们的智慧转化成了我的智慧，让我少走了很多弯路，让我在脆弱中变得刚强，在柔软中给人以力量。而当她们看到我像一个普通人一样也会有烦恼，有弱点，有脆弱和柔软的地方，而不是一个高高在上的精英或者领导者的时候，就会感觉跟我的距离更近，更能与我产生共情。

这就是我想跟你讲的如何与陌生人建立深层次连接的几个要点，特别强调你要学会问一个能进入对方内心的问题。说到底，这些方法的核心还是真正地对他人感兴趣，真诚地与他人交往，敞开真实的自己。做到真正、真诚、真实，你的人脉关系必将更广泛、更深厚。

五分钟社交

五分钟真的非常短，但是在一个大型会议、论坛或者鸡尾酒会上，五分钟就是你和第一次见面的人应该花的时间，一般这种场合也是你开始向上社交的绝好机会。

想象一下，当你进入一个宴会大厅，人们已经三五成群地围绕着鸡尾酒桌站定交谈，你的最佳位置不是马上凑到一个桌子旁边，试图插入到别人的对话中去，而是走到饮料吧台旁边，排队拿饮料。这时，和站在你前面或者后面的人攀谈起来就是最自然的。

谈话可以从随便议论一下周围的环境开始，比如“今天来的人好多呀！”或者“今晚的自助餐品种真丰富”。或者找到对方外貌穿着的亮点称赞一句：“您今天的礼服（丝巾/胸针/领带）很漂亮（别致）呀！”“您的眼睛好亮呀！”以这样的赞美作为开场白，对方肯定不会对你产生反感。

下面，你可以进入下一个和会议比较相关的话题，比如“我很期待今天的主讲嘉宾XXX，您认识TA吗？”“今天会议的主题我很期待，在这方面您最近看过什么特别好的书吗？”或者“您是怎么成为这个组织的志愿者的？”

这样一系列的对话，都是发生在你领取饮料的过程当中，拿好饮料，你要是觉得和这个人完全没有共同话题和兴趣的话，就可以礼貌地移动到下一个地方了。如果简短几句之后，你就对这个人，或者TA的公司、工作性质，或者所拥有的资源感兴趣，就可以在旁边交换名片或者微信，答应对方以后再联系。这都是五分钟之内要结束的。不要让人觉得你好像粘住一个人不放似的。毕竟大家来参加这种大型活动都是来结识人脉的。5分钟的谈话是一个适度的开始，见面后的邮件或者微信跟进，是你回家以后要马上做的功课。

当你拿好饮料，可以看看周围有没有人相对比较少的桌子，走过去，围在桌边的人可能会自觉地给你留出一个空间，TA们一般不会因为你的加入而停止正在进行的谈话，请你对周围的人依次点头、报以微笑，积极聆听，对认同的观点可以点点头表示赞同，或者听到笑话可以和周围的人一起笑起来。

当说话者一有停顿，你可以问一个关于这个话题的问题。即使是你不熟悉的话题，你也可以说：“不好意思，您刚才说的这个词汇我不太熟悉，但我对这个领域很感兴趣，能否请您解释一下？”在这几个人之中，只要几分钟，你其实可以有一个大体的判断，哪个人是你想再交往的，哪些人不是。如果他们说的话题你不感兴趣，或者这几个人你都不愿去交往，那么听了五分钟之后，你可以礼貌地说：“对不起，我再去拿一些饮料，你们需要我带一些给你们吗？”这时是最佳的抽身机会。

五分钟社交的内涵就是快速识别与对方的 chemistry（相互吸引力），不过多占用彼此的时间，筛选是否有进行深入社交和人脉搭建的必要性，离开，或者留下跟进的信息。

我想问问社交经验丰富的你，当你参加这种酒会、论坛、会议，进入大厅后，你怎样利用这个社交的机会呢？在这短短五分钟的交谈中，你一般会想和什么样的人交流和跟进呢？

我希望你在出席之前就有一个目标，比如说，“这次我想认识某某嘉宾”，或者“我想认识会议的组织者”，或者说“我想认识一两位做某某行业的老板或者高管”，甚至说“我只想认识几位做自媒体的朋友”。无论是什么样的目标都没关系，即使完全没有具体的人为目标，你也可以计划“我要认识三位有趣的朋友，进行有意义的交谈，会后跟踪”。

有了目标，当你进入大厅，就会聚焦在自己想要结识的目标人脉身上。如果是嘉宾和组织者、主持人等，目标明确，容易识别，TA 们周围也往往会聚集最多的人。那么你就要想一想在五分钟之内，怎么能够引起这个目标人脉足够的注意和重视了。你有没有一个明确的话题或者问题，如果这个话题、见解或者问题足够好，应该可以引起对方的兴趣。你可不可以为 TA 提供某些价值？或者你和 TA 是否有一个共同的朋友，你一提起来，对方肯定会另眼相看？或者你和 TA 都服务于某个组织？参加过某个项目？是哪个学校毕业的？一听名字，你就变成了 TA 的“自己人”？

如果你只是想和几位同业人士交流，那么看看周围人身上戴的胸牌，恐怕你也可以很快地找到目标。如果你只是想认识一些有识有趣的人，那就随意游走于一些高脚桌之间，加入一些谈话即可。

请你注意观察，大多数人都会被那些穿着得体、谈吐大方、自信内敛、富有激情的人所吸引。我们的目标就是让自己成为这样的人，成为发光体，吸引别人。

一盏茶社交

当我还很小的时候，家里常常会来客人，与父亲谈事情。我观察到有一些人会来了寒暄几句，说了事情，然后起身就走，让人感觉椅子还没坐热，有点突兀。还有一些人会在我家待很久，东拉西扯半天，已经完全是没话找话的地步了，就陪着我们一起看电视，可是父母也不能赶走客人。客人走后，我们会说这种人"屁股太沉"。

如果想进行一次有意义的对话，适度得体的社交时间是多久呢？从实践中我总结出应该是一盏茶的时间，15~20 分钟差不多正好是沏好茶，一直到喝完一杯的时间 。

我给你几个场景，看看怎么利用好这一盏茶的时间达到社交目的。

第一个场景，假如你第一次去潜在客户领导的办公室拜访，如何利用好这喝茶的时间，有效地介绍你们的产品和技术，并且和客户建立初步信任呢？

我给你一个案例：为了推销节能减排技术，我在招标前到电厂厂长办公室拜访。

两分钟的互相介绍。

感谢对方百忙之中抽出时间和我见面，简短介绍自己公司的背景和个人背景。

“您好，我是康妮，是美国 XXX 公司的销售副总裁。非常感谢您抽时间跟我会面。我平时在中美两边飞来飞去，今天能凑上您的时间真是太不容易了。（厂长也寒暄两句）因为美国对环保要求提的早，所以我们公司在美国已经做减排项目 25 年了，对电厂锅炉的改造经验非常丰富，有自己的专利技术，可以达到非常严格的排放标准。”

一分钟概括见面的目的，邀请对方讲一下 TA 的需求。

“我今天带领我们的技术总监和其他技术人员一起来到贵厂，就是想向您的技术团队介绍一下我们的技术特点和优势，同时也了解您这边的需求，看看主要的运营数据和技改要求，详谈一下。同时，我要和商务部了解一下招投标的程序和时间点。”

五分钟讨论合作的机会、挑战和具体执行的时间点，询问对方自己是否可以为对方提供任何帮助。

“能否先听听您对这个项目的预期和想法？有没有您预测的技

术难点我们必须要攻破的呢？”（下面厂长详细讲述他的需求。）

五分钟介绍自己公司产品、技术的特点以及实用案例。

“感谢您告诉我这些情况，我觉得我们公司的 XXX 技术，正好是针对您说的这几个情况，我们在美国的 XXX 电厂，中国的 XXX 电厂等都遇到过类似的问题，通过 XXX 手段，我们达到了 XXX 的效果。”（此处省去一千字。）

五分钟讨论合作的机会、挑战和具体执行的时间点，询问自己是否可以为对方提供任何帮助。

“您看今天我们主要和您这边的哪位接洽呢？技术方面？商务方面？您对招标最后选择的标准是价格吗？还是综合技术实力？（厂长阐述）。具体的时间点是怎么样的？（厂长回答）那我们今天就先把技术沟通好，把商务流程了解一下，回去我们一定按您的要求和期望认真准备标书，绝不让您失望。”

最后两分钟总结，概括今天讨论的重点，闲聊几句。再次感谢对方。

“非常感谢您百忙之中抽时间跟我见面，非常高兴能听到您这么多关于电厂运营的经验和技术改造的建议。您在电力行业做了多久了？也是从专工做起的吗？还是从电科院开始的？（厂长高兴地讲他的个人职业背景）怪不得您的实战经验这么丰富。下次我一定带我们老板来拜访您，他和您的经历非常相似，您们一定有很多共同语言。（厂长寒暄）您先忙，再次感谢 。”

一盏茶时间的面谈算是简短，不会让对方觉得你在耽误 TA 的时间。目标和执行计划交代十分明确，让这个会议有可以跟进的具体事项。你公司的技术或产品的特点，你本人的条理性和沟通能力，一定会给领导一个好的印象。这就是信任的最初建立，也就是这一盏茶社交的根本目的。

第二个场景，你的朋友推荐一个她的朋友给你认识，三方没有任何利益关系，只是觉得你们之间应该有一定的共同点和吸引力。这种没有功利目的的人脉搭建的第一通电话应该如何利用一盏茶时间，和第三方建立一个有意义的连接呢？

举个例子，我的高中同学在波士顿工作，参加麻省理工学院的活动中，结识了一位研究职场教练话题的女性教授，她觉得我和这位教授一定有共同语言，特别提到这位老教授风采卓越，优雅知性，说我一定会喜欢她的。通过同学邮件引荐，我约这位教授通一个电话（异地），建立联系。

2~3 分钟寒暄和自我介绍。试着找到共同点。

“您好教授，我是康妮，我的好友跟我提起周末刚刚跟您认识，说一定要把我介绍给您。她说您特别优雅美丽。（赞美）波士顿今天大雪吧？（教授：是的，我今天都出不来门）我们明尼苏达也在下大雪，不过我很喜欢下雪，因为我喜欢滑雪。（抛出一个可能进行连接的点）您常到明尼苏达来吗？（我先生是明尼苏达人）是吧？我住在 XXX 区，已经在明尼苏达 15 年了。（又一个连接点）我最近一直在网上讲人脉，自己还从事写作，主要是针对职场的一些经历和分享。”

1 分钟表明打电话的主要目的。

“我的好友告诉我您做了很多关于人生教练这方面的研究，所以我很想了解一下您的主要研究方向和最近的一些新的研究课题。”

10~12 分钟和对方针对一个话题进行深入的讨论。

教授给我讲了讲她最近的研究方向和主题，主要是同事之间的互相教练，而且马上四月份要出一本新书。她推荐我先看一下她参与撰写的一本 10 多年前的著作和她的理论核心。我马上给她讲了一个我在授课当中碰到的学生的经历，正好验证了她的理论。她听了我的故事很感兴趣，并介绍了其他几个学校的教授关于个人优势的研究。

3 分钟询问如何可以帮助到对方。

“教授，您的著作在中国出版过吗？（教授说：1985 年就出版过一本书，但是不知道销售如何，后来和出版商也没有联系了。）我现在有几个出版商正准备帮我出书，您看我是否可以向她们推荐您的书籍，看看是否能在中国出版？（教授说：如果能这样就太好了。非常感谢。）没关系，我先去亚马逊买本您的书读读，然后介绍给我的编辑看看。（教授说：我也很想听听你读后的反馈。）”

2 分钟总结概括，强调下一步的行动计划，感谢对方接你的电话。

“好的，一定。我马上下单买书，读后给您反馈，同时推荐给我的编辑。另外我 5 月底要去波士顿，希望和我的同学一起邀请您出来见面喝个咖啡或者吃个午餐。(教授一口答应下来。)非常感谢您，很高兴跟您通电话，下次再见。”这样我们就把下面跟进的步骤都打好了伏笔。

这一通不到 20 分钟的电话，我吸收了非常大的信息量，有好几个马上要去学习研究的话题，教授跟我分享了资源。同时我提出帮助教授，又为对方创造了价值。电话过后，老教授马上给我写了封邮件，把答应给我看的文章链接分享给我，同时说感到这一通电话意犹未尽呢。所以说一盏茶时间的通话，完全可以高效地与陌生人建立起有深度、有意义的连接。

第三个场景，为了找工作和弱连接进行社交性会面，撒大网捕鱼。如何利用一盏茶时间的会面，给对方留下一个良好的印象，让对方愿意和你分享资源，推荐机会，并为你背书呢?

再举个例子。

我朋友汤姆不满意自己的老板和在公司的前景，主动辞职了。他知道好的工作都不是通过网上投简历找到的，于是开始积极地寻找人脉关系。他告诉我:“我很清楚自己约见的人(弱连接)不是有职位空缺、要招聘我的人。如果是，这个会面就变成面试了。但是这种人脉搭建的面谈又对我下个工作机会的出现具有重要意义。所以每次会面，我都是做足功课，有备而来。而且我告诉对方，我只占用他 20 分钟的时间。”

头 2~3 分钟感谢，寒暄，重新建立连接，给面谈定基调。

汤姆会对这个（老熟人 / 前同事 / 邻居 / 孩子同学的父母 / 朋友介绍的朋友等）弱连接表示感谢，感谢对方抽出时间和自己会面。然后简短寒暄几句："孩子怎么样？""工作怎么样？"或者"XXX（中间人）让我给您带好。"利用这几分钟，和对方建立或者重新建立一个连接。然后讲明你安排这次会面的主要目的。"我只占用您 20 分钟的时间，想跟您介绍一下我的工作背景，并向您请教几个关于找工作的问题。"

1 分钟，概括自己的职业背景和技能亮点。

"我在 XXX 公司的产品管理部门做了 10 年，从产品经理一直做到副总裁，对消费电子产品和行业有非常丰富的经验。""我在基金的投后管理团队工作了 6 年，之前曾是一家小型企业的 CFO。我的背景主要是在财务管理和运营管理。为了能更好地平衡家庭和工作，我想回归企业，从事运营管理工作。"这个介绍真的有一分钟就够了，因为你面谈的这个弱连接不是雇人的面试官，他不需要知道你全部的简历，只要知道你的亮点即可。

11~13 分钟讨论对方公司的一些情况或者行业内的情况，向对方提出一些希望获得建议的问题。

积极的互动式讨论。这个讨论要求你事前做好充分的准备，对面谈人的职业背景，他所在的公司以及行业有个基本了解。不要问常识性的问题或者你应该提前了解到的信息，不要追问面谈者的背景，因为不是你在面试对方。准备好几个问题。比如："我注意到您的背景是职业会计师，您觉得在会计师事务所工作和在企业工作有什么主要区别呢？”“我看到您从律师事务所转到做企业内部大律师，这个工作变动，需要做好哪些准备呢？”“从传统领域进入自媒体行业，最大的挑战是什么？您是如何准备的呢？”“如果想进入贵公司这样的大企业的产品管理部门，需要满足哪些条件呢？”

除了以上这些跟行业、公司、职能等相关的问题外，有两个重要的问题不可错过：

第一，“您有没有朋友在做类似行业，您觉得可以推荐给我认识一下吗？”这个请求需要对方在与你面谈的十来分钟内迅速地对你做出判断，认为你靠谱，可以为你背书。如果对方对你的印象非常好，觉得你这个人做好了充分准备，谈吐得体，相关工作经验又不错，多半会为你做出引荐。即使一时半会儿对方想不起什么合适的人，也没关系，只要这次留下好印象，后面他再遇到机会，就能想起你。

第二，“我能给您帮什么忙吗？”你可能会说：我是来搭建人脉找工作的，我能给对方帮什么忙呢？其实这个问题一是表达感恩，二是表现出你愿意为对方创造价值。而且你真说不定能帮上对方一些忙呢？比如说对方公司正在寻找具有另外一些技能的员工，你没准儿可以把自己的熟人推荐过来。当人能为他人建立连接的时候，他就具有了很高的价值。

2~3 分钟总结概括加感谢。

最后这几分钟你可以做出总结：“今天耽误了您时间，非常感谢您愿意帮助我出主意。我稍后会把自己的简历按您建议的方向改一改，更新一份发给您。我会朝您建议的方向和技能方面努力，如果日后在学习中遇到困难，我可能还得来麻烦您呢。另外还麻烦您介绍一下 XXX 给我认识。我回去会让我的朋友小李联系您，看看是否能够帮到您。”

简短的一盏茶时间，你严格管理着时间，引导着谈话，主旨明确，行动有目标，非常守时地结束了这次会议，和你面谈的人有可能还意犹未尽呢，他在这一盏茶的时间里被你吸引，与你建立了初步信任，愿意为你背书，搭建更多的连接，这就是一盏茶社交的最佳状态。

大家可能注意到了，在每个对话中都要反复表达对对方的感恩之心，都要询问如何可以帮助到对方，这就是我们说的——人脉搭建首先是要能为对方创造价值。请牢记：一盏茶社交的核心是建立一个有意义的连接，为将来的跟进和深交打下基础。

第三章

如何把熟人变成朋友

系统化地进行人脉管理

前几天看到微信朋友圈里我的一个同学在给另一个朋友点赞，他们的工作领域一点都不搭界，所以我就好奇他们怎么认识的。没想到我朋友说自己也不记得那个人是谁了。

为什么要有意识地管理人脉?

不知你有没有同样的问题：你平时会参加各种各样的活动，会遇到各式各样的人，可是这些人转眼就被你忘到脑后，或者像僵尸一样存在于你手机里的联系人名单上，却再也想不起来他是谁，在何时何地为什么见过面，为什么他会在你的联系人里，并且他还有可能关注着你朋友圈的一举一动?

之所以有这种情况，是因为你没有系统化地管理你的人脉。

你可能辩驳说："之所以成了'僵尸'，是因为我没有把这个人当作人脉呀？根本就不重要嘛，所以才没有互动。"

那我要说："你没有真正明白人脉的含义。人脉不是你认为有用的人才是人脉，眼前对你没用的人，就不是人脉。"

英国进化心理学家罗宾·邓巴（Robin Dunbar）在20世纪90年代提出了150个人的社交圈这一数字概念，即邓巴数，也称150定律。他认为，因为人受大脑所限，能够维持紧密人际关系的人数上限是150。所以，也请你想想你的人脉，到底有多少人能算作和你有紧密联系的呢？你平时和这些人是怎么互动的？你们的联系频率是怎样的？

我让学生写出自己的150个人脉，有的人说："我哪有那么多人脉？又不是交际明星！"

我说："其实你所有在今生认识、相知的人，都是你的人脉。"

有的人又驳斥："这个数字可能有上千，这么庞大的体系，如何管理？简直就是不可能嘛！"

让我来讲讲人脉长期管理和维护的几个要点。

第一，记录要点。

人常说：书到用时方恨少。其实对人脉也是一样，需要找人帮忙办事的时候，你才发现太久没有联系这个人了，人家还记得我吗？我直接去说事是不是太功利了？怎么办呢？为了解决这样的窘境，你必须要开始系统地对你的人脉进行管理。

人脉系统化管理从见面的第一天开始。

你和一个人初次见面，不论是经人介绍的有意识的结识，还是在一个会议当中不经意的遇见，交换名片或者联系方式后，我们要把这次见面的具体信息和谈话主要内容记在名片背后或者手机联系人的备注项里。应该记录的信息包括：

- 见面时间
- 见面地点
- 中间介绍人
- 外貌特征和特点，最好有张合影，存在手机联络人的头像处
- 主要谈论的话题（行业信息，找工作，兴趣爱好，家庭情况，子女情况，面临的困难等等）
- 主要共同点
- 对方的关注点
- 需要跟进的事项和行动要点

为什么要记下这么多信息呢？因为人脑会遗忘，下次你要是再见到这个人，或者有事需要找到这个人的时候，之前的任何见面的记录和信息，都是能帮你迅速重建连接的重要工具。

第二，及时跟进。

在你与他人见面的 24 小时之内，一定要给对方发一封跟进的邮件或者微信、短信，在这个信息里面，你要表示很高兴见到对方，或者感谢对方在百忙之中拨冗，提到一些你们谈话的重要内

容，你受到的启发，还有下面你要采取的行动，比如约对方吃午餐，或者发给对方你承诺的一篇文章或者一个信息。这样能给对方一个非常可信、靠谱的印象。

见面后的及时跟进，不仅指和刚刚见面的人，也要和给你介绍这个人脉的人跟进。写一封表达感谢的亲笔信或者邮件、微信，都非常得体。不要超过 24 小时，跟进晚了，会让对方以为你把这件事忘了或者不重视，甚至是用人在前、过河拆桥。

在什么时候应该再联系一下见过一次面的人脉呢？美国作者马西亚·巴林格（Marcia Ballinger）和内森·A. 佩雷兹（Nathan A. Perez）建议下面这些情况都可以是你再次联系对方的契机：

- 看到一篇文章或者一个信息，你真心地觉得这个对你的人脉有用
- 你的人脉换工作或者升职了，你从领英上发现了他职位的变化
- 你自己的情况发生变化，比如说多了一个学历，或者换了工作
- 你忽然想起一个人，就想打个招呼
- 别人介绍了一个你和人脉的共同朋友给你
- 你还想进一步讨论上次见面当中提到的一些问题
- 你们共同认识的人的状态发生了变化

第三，了解强连接关系和弱连接关系的区别。

美国社会学家马克·格拉诺维特（Mark Granovetter）在 1973 年发表了论文 *The Strength of Weak Ties*（《弱连接的强度》）。他在哈佛大学读博士期间调查了麻省 282 个来自各行各业的工作人员，看看他们是如何换工作的。他把连接强度按照本人在找工作期间和联系人见面的频率来划分（每周至少一次见面的——频繁见面；每周少于两次，每年多于一次的——偶尔见面；一年或一年以上才见一次面的——极少见面。）他的研究表明：在通过个人关系找到工作的 54 个人当中，大多数人（占 83.3%）是通过偶尔见面或者极少见面的人找到工作的。所以说大多数工作不是来自亲近的朋友——强连接，而是来自熟人——弱连接。

根据和对方认识的时间长短，联系的频率，感情的深度，是否自觉地互利互惠，以及是否有血缘、家族关系，可以把人脉分为强连接和弱连接。

强连接包括和你相识年头长的，经常联系的，感情深厚的，而且你会经常性地给对方帮点小忙也常常受惠于对方的朋友，也包括你的家人。比如我和表弟、表妹每年很少见面，但她们仍是我的强连接。这些是你觉得自己随时可以联系 TA，请求 TA 帮忙的人，比如你的闺密、挚友等。

弱连接是与你交往时间短，不常联系，没有太多的感情基础和投入，没有什么互利互惠的行为，没有家族血缘关系的人。如果要找这类人帮忙，需要自己主动发起行动去“激活”关系，比如校友、老师、孩子同学的家长、家人的朋友等等。

你有用心地管理几百甚至上千的弱连接人脉吗？其实这些弱连接人脉因为背景的差异化和多样性，可能给你提供更多的跨公司、跨领域、跨行业甚至跨地域的机会。美国沃顿商学院的格兰特教授发现，将近17%的人从强连接那里发现了工作机会，而28%的人是从弱连接那里发现工作机会的。所以弱连接起到了重要的架桥作用。

弱连接关系往往可以给你带来意想不到的机会，所以不要忽视弱连接关系的维护。希望大家重视起来，与他人建立更深层次的友谊，把熟人转化成可以信赖的朋友。

强、弱连接关系不是静态的，即使是强连接关系，比如表亲，如果一直不走动，也会疏远。弱连接通过系统地维护，随着相识年头的增长，见面频率的增加，互利互惠行为的增多，会水到渠成地转换成强连接关系。我在多年前认识一个供应商的销售代表，虽然她和我都已经换了工作和行业，但在这10年中，我们找机会就见面，而且常常互相帮一些忙，就从弱连接关系变成了密友。

除了强、弱连接的概念，还有两个概念是美国的罗伯特·普特曼（Robert Putman）在他的著作《独自打保龄球》中提到的“绑定资本”（Bonding Capital）和“架桥资本”（Bridging Capital）。绑定资本是指和你自己的背景重合的或者基本相似的趋同群体，比如说我做的业务属于清洁能源环保领域，在这个圈子里的人都是我的绑定资本。多样化的人脉可以称为你的架桥资本，比如说从事艺术的朋友或金融的朋友就是我的架桥资本。你的绑定资本可以使你在行业内建立深厚的关系，但是架桥资本可以帮你延伸到其他行业和其他领域。在你需要转行或者跨行业操作项目的时候，架桥资本给你提供了多样化的人脉资源和信息资源，也会使你的朋友圈更丰富有趣。

相信很多人的手机通讯录或者微信联系人名单里都有上千人，在这上千人里，有多少是你的强连接人脉？有多少是弱连接人脉？有多少是你连长相都记不住了的“僵尸粉”呢？现在，回头看看你刚才写下的150个紧密联系人的名单，在这里面，有多少人属于你的绑定资本？多少人属于架桥资本呢？你有没有更偏重其中一种资本呢？如果是，你可以想想是否要在另一种资本上多花些时间和精力。

第四，分类设置，日常维护。

把每一个人脉按照对你的重要程度分类。重要的业务伙伴需要每个月联系一次，见面或者打个电话聊一下。对我们非常重要的导师和背书人，要每6—8周联系一次，不一定是有疑问，而是简单问候，让他们了解你的动向。不是那么重要的关系每个季度联系一次，打电话或者发微信都可以。只是有一面之缘的或者级别高很多的领导，一年联系一次就可以了。

强连接人脉我一般不会刻意去设置联系频率，而是随心所欲，想对方了就打个电话聊两句或者见个面吃个饭，保证每个季度有某种形式的联系即可。弱连接的人脉，我会根据对方与我工作的相关性和重要性、我对这个人的喜爱程度，来酌情考虑哪些应该通过加强联系升级为强连接人脉。

我把所有的联系人都编好重要程度和联系频率，在设计人脉联系等级和频率的过程中，可以在电子日历上标注提醒。比如我非常重视的人的生日提醒、纪念日提醒等等。到那天就会给朋友们送上祝福。有时候没有太多时间，就给朋友发个语音留言或者短信，告诉他们你在想着他们就好了。

我有一个朋友，每到我过生日的时候，都能收到他寄来的CD，有时是古典音乐，有时是流行歌曲，有时是名人讲话，都是他自己倒录的光盘，在光盘上还写上歌名，并写上“希望你喜欢”这样的字句。不光是对我，他的每一个朋友，他都记得他们的生日，都会寄上跟他们相关的或者他们会喜欢的光盘，可见他是非常用心的。有的前同事好几年没见过他了，但还是能每年收到他寄的生日CD，感觉他还是惦记着自己的。

对按年度频率联系的人脉，我一般在春节的时候用微信或者电话拜年。

相信每次逢年过节，你可能都会收到一大堆微信或者短信，千篇一律的吉祥话，一看就是不动脑子的复制粘贴来的。看过也就看过了，你也不会过脑子，更不会走心。偶尔有才情之人会自己赋诗一首，群发给你，你会仔细看一看，好像观赏别人的才艺演出一样，好，但是跟自己关系也不大。怎么才能给别人一个走心的问候呢？答案就是你确实要用心，对每一个人用心，才能让对方感受到你的诚意。

这个拜年语一定不能群发，群发显得完全没有诚意，即使是你自己写的诗句，群发也是不够真诚的，好像你很忙，没有时间，对方对你就像其他任何人那样普通。

我会抽出大年三十和初一各半天，集中时间给各位重要人脉打电话，或者用微信语音留言。留言不用很长，但一定要叫出对方的尊称，说句拜年的吉祥话，并表示对对方的感谢和期盼来年相聚的愿望。采用我的语音方法拜年的学生，都非常感恩于我教给她们这种方法，因为她们在春节的时候都从人脉那里得到了意想不到的走心的回复。

第五，线上不能替代线下的人脉维护与管理。

自从有了微信，我们和别人的联系更加紧密起来，维护你的人脉网络也变得更加容易。点赞，评论，私聊，群聊，手指滑动键盘就可以，不用占什么特殊时间就能做到，我们维护人脉网络的时间成本大大缩短了，所以我建议大家，千万不要做万年潜水的人。但是随着社交网络的发达，人们习惯于躲在网络之后，而对真正意义的社交，表现得非常懒惰、懒散。

特别要强调：线上的联系、点赞等不能替代一对一的面对面的时间。更新朋友圈也不应是社交的主要形态。对朋友也好，对客户也好，大家还是要拨出一定时间打个电话见个面吃个饭。

线下联系的方式也是多种多样的。一起吃饭、喝茶，一起运动，送礼物给对方，邀请对方参加有意思的活动，比如郊游、听音乐会、看话剧等等。

每到一个地方出差或旅游，我都会找当地的朋友聚上一聚。有空就给朋友打个电话问候一下。旅游归来，给身边的朋友带一些有当地特色的礼物，当地出产的巧克力是我非常喜爱的送人礼物。平日里对自己有启发的书籍也是非常稳妥的礼物。最有心意的当然要数我自己画的油画了，不能说水平高，但是够独特，同时心意满满。当画作供不应求时，我就挑几幅颜色靓丽的，制作成真丝丝巾，送给女士朋友们，大家都非常喜欢。

其实，长期人脉的管理和维护是我在大学毕业后的第一份工作中学到的。

在 LG 电子公司，我的第一个岗位是在政府公关部门。一家外企在中国开展业务，没有政府的支持，寸步难行，公关部课长（经理）常常要和社长（公司老大）一起出门，拜访各个部门的领导。

我的老板比我大上一轮左右，韩国人，长得斯文帅气，在语言上有天赋。他在台湾读过中文，还娶了台湾的太太，于是把中文用得炉火纯青，电话上你绝对听不出他是外国人。比如，他吃面条时会用地道的北京话说："这面条真劲道。"

他其实是个内向的人，并不喜欢对外社交。所以你别看他在电话上跟人家热情地寒暄："哟，刘大哥，周末咱们一块儿去打球吧！"挂上电话，他就一副对应酬完全无感的样子。我问他："您干吗要做自己不喜欢的事呢？”他说：“没办法，我的优势在这里呀。不做这个做什么呢？”

20世纪90年代末，我老板的人脉网络是几大本厚厚的名片簿，他每次和别人见面，就把这个人的简单情况记录在名片的背面，比如“某年某月某日，在部里与某某见面，与某某同行，谈了电子行业进口关税，有一女”，然后放在这个部门或者机构专属的名片簿里面。我跟他说：“为什么不用Excel把所有人都整理到表格里面呢？这样您就不用总是携带厚重的名片簿，咱们整个团队都能共享信息。每次见面您都可以加上一些细节，还能把重点需要联系的标示出来。”他鼓励我按照我的想法做出表格来。于是我就用Excel表格把联系人、联系方式、过往交往经历、重要程度和设定的联系频率整理出来。这是我最初采用的管理和维护人脉的一个方法。

除了对公司外人脉的管理，公司内部的人脉搭建也一点不能忽视。当时中韩建交不久，韩国公司派到中国的中高层领导团队都是精英。我进入的是LG电子中国总部，一共不到30个人，团队小而紧密。除了自己公关部门的领导和同事，很快，我和其他部门的领导和同事也熟悉起来，大家每天中午一起出去吃饭，在茶水间碰见也会聊上几句，每个月各个小的团队，以及整个总部也都会出去聚餐，而我正是负责安排聚餐的组织者，在协调大家的活动和口味的时候，和各个部门的人就都混熟了。

我入职一年以后，公司里面要筹建一个内部审计团队，大老板点名把我要了进去。这半年的审计工作让我有机会认识了很多分公司和办事处的同事，以及韩国总部的同事，他们带我去品尝当地的美食，我们会聊起自己的经历和家人，虽然只朝夕相处了几天，但感觉分外亲切。我和他们一直保持着良好的工作关系。有的在 20 年后的今天都还是好朋友。

我到美国读 MBA 以后，每个感恩节我都会给以前的老板们写一封感恩邮件，感谢他们对我的提携和帮助。后来因为工作原因，多次到韩国出差，我就邀请原来的老板们（此时已经派回韩国）一起吃饭。友谊一直保持到现在。

希望你也能意识到系统地维护和管理人脉的重要性，也能掌握一些基本方法，实践起来。以用心为本，真诚为灯，适当注意方法，杜绝僵尸联系人的存在，把人脉真正掌握在自己手里。

线上社交的技巧

以前我们与他人联络主要靠邮件和电话，但随着微信的广泛使用，人和人见面交换名片只是客套，甚至不再问对方要电话，而是说："可不可以微信扫码加您做好友？"

线上社交和线下社交主要有哪些区别呢？

- 线上交往不受地点的限制，所以你的社交网络可以急剧扩大。
- 线上交往的时间成本低，点赞表示"已阅"只需一秒钟。
- 线上交流时你看不到人的表情，听不到对话时的声音，单纯的文字有可能造成误解（除非是语音或视频对话，但这一般只发生在家人和挚友之间）。
- 有的人线上的表现可能跟线下有巨大差别：现实羞涩，网上狂野；现实外向开朗，网上沉默潜水。

• 朋友圈是粉饰过的世界，不能全信。你看到可爱的娃娃画画，看不见兄弟打架的抓狂；你看见幸福的家庭照，看不到夫妻之间的冷战；你看见旅游度假，看不到宾馆里的泡面咸菜；你看到自拍貌美如花，看不见家里邋里邋遢。

我们能看到，线上社交有一些特点，这些特点运用得好能带来好处，运用过度有时也会弄巧成拙。那么，线上人脉搭建和维护，如何才能高效又不失风度呢？我有几点建议。

第一，如何加好友。

我做了领英专栏作者以后，很多人都到领英网站上加我。几乎所有人都是用领英的标配语言给我发了邀请："我看到了您的微信名片。您是我信任的职场人士，因此我希望邀请您加入我的领英人脉圈。"

出于礼貌，一般我看到这种邀请，只要这个人的档案里有头像，而且头像看起来是个正常人（不是动物、面具或者卡通形象），我一般都会通过这个邀请。

但是我真的成为这些加了我的人的人脉了吗？

当然没有，因为 TA 们完全没有找到和我的连接点。加了我以后，对方也完全没有消息了，连个问候都不说。这样在网上加人有什么意义呢？即使你有上千个联系人，这些联系人根本不能成为你真正的人脉。

微信结识别人也会有这个问题。在一些场合我们见到了一些人，可能是出于礼貌或者一时的热乎劲，你加了别人。之后，再没有打过一声招呼，也没有谈起过任何问题，甚至也不给对方朋友圈点个赞，你觉得这个人能是你的人脉吗？我把这些没有联系的联系人称为你的“僵尸”联系人。TA们在这个虚拟的网络里作为名字和头像存在着，仅此而已。这样不过脑子地加人就是浪费彼此的时间，非常不好。

如果你想在网上加一个人为好友，不论是你刚刚在酒会上亲自见过面的，还是在网上经朋友推荐的，抑或是在领英微信文章里扫了二维码，请不要用模板，一定亲自写一句话，特别是能够跟TA建立起连接的话，来发出邀请。

比如“老师，我常常看您在领英上发表的文章，十分受教，特别是关于人脉的系列文章，使我的生活发生了很大改变，我可不可以加您为好友呢？”

再比如“您好，XX让我联系您，讨教一下关于XXX行业的信息。我在XXX平台上看到您写的很多真知灼见，很希望能跟您联系上，详细讨教一些问题。希望您能加我做好友。谢谢”。又或者“您好，我是您高中的小师弟，看到师姐写的文章，让我回忆起自己美好的校园时代，希望加您微信，跟您多多学习”。

这样的邀请，简短几句话就和人建立起了连接，让对方愿意跟你联系。

在加好友后，马上和对方打个招呼，写几句你对对方的了解和印象，如果见过面的话就说很高兴见到了对方，提一下让你印象深刻的对话，希望有机会进一步交流或者约着吃饭。比如说我的学生，或者我公众号的粉丝，可以写一下你感触最深的是什么，让我觉得你是认真地加我这个人脉，你问的问题，我也会认真地回答你，开始交流。

加了微信就要求对方开放朋友圈也是非常不得体的做法。如果对方屏蔽你看他的朋友圈，肯定是有原因的，一般不会是不小心设置错了。所以如果你强迫对方打开朋友圈给你，就是越界了，会让人觉得不得体、不舒服。

其实通过工作关系或是网上关系加的人，我一般不会开放朋友圈，因为我的朋友圈里有很多私人信息：晒娃、美食、旅游等等，朋友圈是我和远隔重洋的家人、同学及老朋友保持联系的一个手段，让大家知道我的近况。

对弱连接我什么时候会开放朋友圈呢？那就是当我发现与 TA 有了一个很深的联系的时候，比如说是校友，有共同认识的亲密朋友，或者是和我互动非常多的人，而 TA 的朋友圈也很活跃、有趣，和我有共同点（比如共同的兴趣爱好）。那些自己从来不更新朋友圈，却非要看别人朋友圈的人，我只能“呵呵”了。

第二，如何在网上保持联系。

不论是微信还是领英，在加了好友以后，如何让这个人脉不僵呢？选择好联系对方的节点非常重要，既让人知道你没有忘记

TA，又不能过于频繁招人烦。

如果是领英上的人脉，因为你不会看到 TA 的私生活，所以只能在对方升职、更换岗位、跳槽、工作纪念日，或者对方发表了文章、制造了新闻的时候，向对方发出真诚的祝贺。不要用网络模版，一定亲自写一句话。

比如当我看到领英提示一家著名会计师事务所的合伙人在公司任职两年的消息，可是其实我在 7 年前就认识他，因为工作见过一次面，当时他就在那家事务所。所以我就发了一个信息给他："恭喜您的纪念日。可是我怎么觉得您在贵所已经服务 N 年了呀？"又加了一个笑脸。他马上回复"是的，其实我在这里已经 20 年了。谢谢。"

虽然只是简短的两句话，一个应答回合，这个关系就没有僵掉，如果我有关于行业的问题，还是可以随时向他求助，或者跟他约着见面。如果对方发表了文章或上了新闻，那我一定会去写个评论，看似小小的行动，透出的是对他人的关注。

如果你们是微信好友，那么线上的互动更加私人化。在对方朋友圈下点个赞，时不时地发个评论，表现出你对朋友生活的关心和关注。

评论怎么写？记得以前看过一个帖子，讲的是专门调笑爱发朋友圈的人的真实心理，告诉大家应该先去摸索人家的真实心理再去评论。我觉得人本身就是社会的，期望得到别人的关注，发朋友圈自然无可厚非。但你写个评论还要仔细揣摩对方的心思，不免太累了，也有失真诚。所以我的建议是不用人人必赞，条条必赞，那样恐怕你一天都要泡在微信上了。要学习找亮点。

比如一天我看到一个餐饮画报的编辑贴在朋友圈上九道做得非常精美的西餐，我就评论：“拍得很美。”她马上回应：“手有神器。”我再回应：“你指的是你善于发现美的眼睛吗？”她回了“你说得都对”。我们虽然只在一个共同朋友的饭局上见过一次面，但是相信用心的评论对方一定不会忘记我。

看到朋友美美的自拍，我会挑亮点给予赞美，比如说：“你的墨镜收藏都很炫，好看。”“这个橄榄绿好衬你。”确实是真心的赞美，但一定是针对某个特点、亮点的赞美。

另外一个网上保持联系的方法就是帮助他人建立连接。

很多人虽然不常见面，但由于网络的存在，并不妨碍我们做连接者，人脉达人在线上线下都可以做到。

举个例子。我在哈佛商学院的学妹问我是否认识在美国做地产投资的基金，我马上通过微信把在波士顿做地产投资基金的高中同学介绍给了她。大学同学开始做澳洲葡萄酒生意，我就把她推荐给在上海认识的餐饮界老板们。当然做这样的连接的前提是一定要事先争得朋友的同意，我会告诉朋友我看到了 TA 们之间可能产生的合力，所以有心促成或者搭桥，这样使我的两个强连接人脉之间产生出了新的与对方的弱连接人脉。

当我越多地帮助别人建立这种连接，我的周围就真的好像织起了人脉网络一样。当我的人脉网络转起来以后，就发现一个有趣的现象：在朋友圈中，我的大学同学在为我香港的邻居点赞，我的商学院学妹在给我的中学同学评论，我认识的网红大厨也在给我姐姐的小学同学点赞。不禁感叹网络把世界变小了，因为我们的善意，大家都能联系起来。

网络上的交往只是第一步，在网上认识的重要人脉，只有发展到线下的见面和深谈，才有可能转化成强连接。在网络上面经人介绍认识的重要人脉，在最初网上交流以后，我一般都会想办法约对方喝个茶或者吃个午餐。虽然头一次见面，但是因为有了网上的交谈和对其朋友圈关注获得的了解，见面一点儿都不会尴尬，反而能够充分表达自己的欣赏之情和透出来的亲切。

第三，如何经营朋友圈。

大众对朋友圈的态度恐怕大致分为几类：

- 不发，也不看，自己的朋友圈是一条直线。只在一些群里潜水，不跟我个人相关的绝不冒泡。
- 不发，会看，潜水围观他人的生活。
- 只转发一些觉得好的文章（或者鸡汤）表明自己的立场观点，偶尔点赞，偶尔评论。
- 只发与工作相关的信息或者行业信息、行业大数据，从来不发个人信息，只跟同行同事互相点赞。（可能还有个私人号，大多数人不知道？）

- 偶尔晒娃，偶尔旅游，偶尔美食，偶尔谈谈天气，秀个加班。
- 自己生活的美好完全暴露在朋友圈中。
- 每天自拍：我在工作，我在吃饭，我又购物了，我很励志，我在做微店，我，我，我。

大家对号入座了吗？还是我没有提到你的类型呢？

我觉得每个人对隐私的敏感度不同，如果你出于安全考虑，完全保护自己的隐私，不发朋友圈，这是值得尊重的。你限定朋友圈三天可见，一定是最近加的人太庞杂，不愿意不熟悉的人获取过多你的信息，完全可以理解。但是当你邀请一个新人加微信后，对方肯定是想通过看看你的朋友圈，增加对你的了解的。如果打开发现是一条已设置三天可见的线，或者里面完全没有内容的话，内心肯定是有一定程度的失落感的，就好像被你邀请进了院子，却发现所有的门都是关着的。

其实与其限制自己的表达，不如给朋友们分类。因工作而加的非私人朋友，我会加上“非私人关系”的标签，这样在发送个人或者家庭信息的时候，可以排除“非私人关系”的阅读。但是一般转发代表个人观点及关注的帖子，比如最近读的书、看的电影、聊的话题、公益活动、认可的文章和观点等，我就会开放给所有人。

但是如果你想有效地搭建人脉，并且高效地利用网络资源的便利，恐怕朋友圈的经营你就要花一些心思了。

我喜欢帮助朋友在朋友圈里贴一些他们公司的招聘启事，因为我的朋友圈都是职场达人，所以我很乐意能给大家提供一些机会和信息。忽然一天，一个从来不发也不看，和我从来没有私信过的同学，忽然私信我说对这个职位感兴趣，想推荐给一个朋友。我当时觉得受宠若惊，不禁问道："你居然看了我的朋友圈？"

如果读这本书是因为你真想拓展自己的人脉，那希望你不要做万年潜水者，时不时出来冒个泡有利于身心健康。哪怕只是给自己的朋友点个赞，表达"朕已阅"，偶尔给个走心的评论，也为下次需要找对方说话的时候起到了一个铺垫的作用。人脉不是在用的时候才去找的。

每个人其实都是一个独立的品牌，三娃马甲线女神是品牌，中年油腻男子也是品牌，我们每一个普通人都有一个自主经营的品牌——在线上，在朋友圈里。如何经营要看你如何对待。我常说：如果你不能暴露自己柔软真实的一部分，别人将觉得你很难接近，很难和你成为朋友。朋友圈就是一个你可以做真实自己的地方，也是你展示更好的自己的地方。

我认识一个当职业教练的朋友，她说自己朋友圈有时会发工作相关的信息，有时会发点儿有意思的自黑的段子，有时发一些家人好玩的故事，她充分利用会讲故事的能力，构造出一个有才、有趣、有识、吸引人的朋友圈。让人想要接近她，了解她，来上她的课程。这就是一个经营朋友圈成功的案例。

所以说精彩、丰富、多样的朋友圈就好像自己品牌的一亩三分地，如何经营，还是要花些心思的。自我品牌经营得有声有色，也是帮助你管理线上人脉的一个有效手段。

如何建立深层的朋友关系

一次和闺密芳芳聊天，她刚刚搬到一个新的城市，谈起如何尽快建立自己的人脉社交圈，我说："你人这么好，常常在家里开party，厨艺又好，我看你到哪里都有很多朋友。到了一个新地方，从同事、孩子同学的家长开始，应该很快能交到新朋友的。"她说："你说得对，大家都觉得我人很好，我确实有很多朋友，但我一直有一个困惑，就是没办法和朋友进入到更深层的关系。"

我没想到芳芳会这样说，我们相识30年，同窗数载，感觉是发小，极其熟悉。我问她："你觉得为什么会这样呢？"

她说："是不是因为我自己不太善于打开自己？总觉得我这个人处理事情一定要公平，如果我欠了人家情，那我肯定要把这个情还回去。我不喜欢欠别人情，所以也不愿意拿自己的事去麻烦别人。"

其实我们每个人在这个社会上，都是独立的个体，但是又都渴望与他人建立亲密的关系，因为这种亲密的关系，是我们幸福的重要源泉之一。那么如何和他人建立更深层次的关系呢？

第一，朋友是麻烦出来的，找一点小事去麻烦对方。

很多人在搭建人脉上有一个误区：我不想麻烦别人，给别人添麻烦不好。他们从小就是这样被父母教育的，什么事情都要自力更生，自给自足，凡事不求人，好像这样就是做人的最高境界了。慢慢地缩在自己的小圈子里，不多与人交往。也许你并没有想到，给予和索取应该是一个平衡关系。我告诉你，朋友其实是麻烦出来的！如果你主动请求别人帮你一些小忙，有助于信任的养成和关系的深入。

比如说我有时早上要在网上给学生上课，老公出差了，孩子们早晨要去学校上学，那么谁来送他们去上学呢？我会去找一个朋友，说："今天不好意思啊，我要上课，可不可以麻烦你帮我送孩子到学校？"在明尼苏达这么冷的早晨，要早起开车出门帮我送孩子，确实很麻烦朋友，但是这个麻烦可以帮助我们增加更深层次的联系和连接，会觉得更信任对方，更亲密。下次这个朋友有困难，也会更容易反过来求助于我。别怕给别人添麻烦，求助于别人是给他人助人的机会。

一天，我家对门邻居跟我说："你家的沙果树今年结了很多果子，我可不可以带着孩子一起来摘果子呢？"其实在美国沙果一般没人去吃，因为不是特意培植的果树，所以果子很小，也很酸。

看她这样问，我说："当然可以了，正好让我们孩子也参与采摘的乐趣。"于是，下午孩子们放学，他们一起登上梯子摘果子，很高兴。我象征性地摘了一点，放在家里做装饰，而邻居把能采摘到的都摘走了。过了两天，她让孩子们给我们送来了一个纸袋，里面装了沙果果酱、果丹皮，还有一张感谢卡。其实我想感谢的是她呢，没有她来"麻烦"我摘果子，我怎么能品尝到如此美味？我们两家的关系更近了，今天我给她送盒饼干，明天她给我自己家养的鸡下的新鲜鸡蛋。人和人的关系不就是这样一点一点亲密起来的吗？

好像我们养孩子一样，自己的孩子肯定是喜欢的，平时保姆带孩子多，但是保姆一放假，要亲自照顾好宝宝的饮食起居，虽然很累，但我发现我们越多地服务于孩子，就会越爱他，跟他越亲密。人和人的关系就是这样，越多地服务于别人，就会越爱对方，关系就会越亲近。所以，别怕麻烦别人，也别怕被麻烦，从互助和服务中，我们才能有更深厚的友谊。

你可能要问：是否什么事都要麻烦人呢？当然不是，如果真是这样的话，恐怕你要成为最不受欢迎的人了。请别人帮忙只能是偶尔的，必须是对方有能力办到的事情，这里面也有一个度。比如你出门旅游的时候让邻居帮你收一下快递，再比如我托朋友从欧洲给我带一件衣服。如果太频繁，太难办到，给对方出了难题，就会适得其反。

住在德国的表妹向我吐槽，有的人总是让她帮忙代买化妆品和奢侈品，她说："一次两次可以，但是一有什么新品就总让我去看看，我家其实住在村儿里，根本没有奢侈品。去法兰克福这种大城市要开好几个小时的车子呢，我也不做代购业务，所以她们总是觉得不就让你帮帮忙吗，又不是什么大事儿！真是恼人。"再比如说，你想让朋友帮你的孩子介绍个工作，或者介绍个对象，这种事你只能拜托他人帮你多留个心，别赖上人家，千万不要一见面就说这个事或者还怨人家没有帮到你。

第二，朋友是聊出来的，敞开自己内心柔软的部分，和朋友分享。

将自己内心柔软脆弱的一部分拿出来与人分享。我们内心真正关心的问题、疑惑和忧虑，比如子女教育问题、对健康的担心、对老人的担心等等，都可以作为跟别人分享的话题。你有了困惑，也完全可以去寻找朋友的意见，比如说事业发展的方向、跟老板同事的沟通之道、子女教育中遭遇的挑战或者生活中遇到的一个问题等等，都可以找你的朋友去分享。在打开内心分享的过程中就可以建立更深的感情。

因为我母亲去世了，在和朋友的谈话中我常常会提起对亲人的追思，往往会引起朋友的共鸣。我的朋友里面哪个失去了至亲，都会跟我聊一聊，我也用自己的信仰和经历来安慰她们，感觉一下子关系更近了。

回头想想，常常和我探讨事业发展、子女教育、婚姻关系，分享喜悦与困惑的朋友确实和我更亲密。我的闺密芳芳说："其实关于职场的一些事情，如果我早敞开内心，跟你分享，问问你的意见就好了，现在看你的公众号才明白了一些职场问题的解决方法。”后来芳芳在选择新工作的时候给我打电话，我们讨论了一些职业选择的标准和她真正想要的东西，这样敞开心扉的聊天让我们的亲近感更强了。

分享是好事，但是如果你整天牢骚满腹、负能量爆棚，或者只传播八卦，恐怕大家也会疏远你。另外，我不建议把自己和配偶的纠纷跟别人讲，因为夫妻关系的问题是私密的，对他人泄露的话，配偶会觉得是一种背叛。

第三，深层次的交往，始于深度地了解对方，启发彼此。

如何深度地了解对方，首先我们对人要充满好奇心，要有意愿和诚意去探寻一个人的本质特征，问问这个人真正的激情、真正的动力、真正的爱好以及对 TA 最重要的东西。我们每个人的内心都希望得到别人的关注，希望能感受到自己很重要。问启发性的问题，能让对方感受到你真的想要了解 TA，真的在乎 TA 的感受。只有这样，才可能建立一个更深刻的连接。

我们教会每个月都有一次探访教友姐妹的传统，就是我和另外一个姐妹一起要拜访其他三个姐妹。两个月前因为人员变动，我被指派去拜访一个新的姐妹詹妮。她是一个美国白人，60 岁左右，子孙满堂。这样年龄、背景与我差异如此大的人，以前一点都不熟悉，我怎么才能跟她建立更深层的联系呢？

我很想了解詹妮，于是在拜访她的时候，就问她：“我最近要教一个如何找到激情的课程，我需要找到一些事例，您能否跟我分享一下您的激情是什么？”

这个问题让她陷入了思考，她说：“我这一辈子都是在照顾家人、照顾孩子，现在我要照顾孙子孙女。我的激情应该说是家庭，我把所有时间都花在孩子和孙子身上了。”

我问她“除了家庭以外，还有什么事情您特别喜欢做？”她一下就打开了话匣子：“在第一个孩子降临之前，我在一个大的百货商店里做时装买手。我特别喜欢美，特别喜欢服装的搭配，我最开始做百货店的布置工作，比如说给模特穿衣服、摆放货品，后来，发现自己对时尚真的很有感觉，就申请做我们这个店的时尚买手，再后来我们整个区域的十几家店都是我来做买手，所以我定期要去纽约参加时装发布会，我非常喜欢！”

我对时装方面很感兴趣，就让她讲讲为什么最喜欢做时尚买手，是因为喜欢美的事物？还是喜欢跟时装设计师和品牌打交道？詹妮说话的时候眼里放光，跟我讲了很多她年轻时的故事。

我说：“如果您能把自己的人生经历写下来，应该很有意思，而且能让很多人受益。”她说：“我曾经有这个想法，但是不知道自己是不是能写好。”我鼓励她：“上次听您在教会演讲，就感觉您的思路和文笔都很好，为什么不试试呢？”

真正的朋友，不仅要了解对方，还要能启发对方，鼓励对方，做对方的啦啦队队长。我们每个人都会有很多恐惧，尤其是在面临重大挑战和抉择的时候，心里都会对未知充满疑惑和担心，对失败的想象也会是一个大的阻力。这时候，做朋友的智囊，给 TA 积极的反馈意见，可以帮助 TA 克服恐惧。患难见真情，是加深友谊的重要契机。

第四，真诚地为对方提供帮助，是增进亲密关系的重要一环。

当我们能为别人提供帮助，朋友自然会做得更深。

自从我鼓动詹妮写书以后，每次见到她，我都和她聊一下她的进展。她会告诉我自己面临的一些挑战，比如说要带孙子，所以只有零散的时间，如何利用好。我给她出了一些化整为零的主意。

一天詹妮说自己已经完成了一篇稿子，很想发给一个她喜欢的编辑看看，但苦于没有那个编辑的联络方式。我说："不要担心，虽然我也不认识这位编辑，但我相信'六度分隔理论'，只要你想找到一个人，中间最多通过五个人，就能找到这个目标。"我自告奋勇，帮詹妮寻找人脉。

我尝试了几个不同的渠道，最终还是通过一个超级人脉达人，顺利地帮詹妮找到了那个编辑的邮件地址。

为对方创造价值不仅是把陌生人变成熟人的终极答案，也是帮我们把泛泛之交转化成亲密朋友的重要一步。当我们不从为自己谋利出发，真诚地帮助他人的时候，我们才能交到挚友。

第五，做真实的自己，去表达（Express），而不是去表现（Impress）

要说一个人身上什么最吸引人，除了激情以外，就是真实的力量。

在哈佛商学院读书的时候，有一次上课我被老师叫到回答问题，开始我还慷慨陈词，接着老师又追问了一个问题，我一时不知道怎么回答才好，索性说："我不知道，可否找其他同学帮忙来回答这个问题？"老师就叫其他同学来发言了。没想到课后老师亲自给我发来了邮件，他说："我今天上课很受感动，因为你在自己不会回答的时候勇敢地承认，并邀请其他人来帮忙，而不是像很多同学一样不会的时候也要硬撑着不懂装懂，真是给课堂带来了一股清流。"

有人说与人交往时要把自己包装完美才能交到朋友，因为如果我们出丑或者犯错，就会被别人看不起，所以宁可不说话，不表达，这样也就不会露怯了。正是因为这种担心别人评判的心理，才使我们给自己设了限制，更让我们故步自封，不敢表达，不敢沟通，因为我们想拥有一个在他人心中完美的形象。

其实没有一个人是完美的，我们每个人都有自己的优势，也有自己的劣势，我们暴露出真实的自己，反而更容易和他人建立联系。因为别人会觉得：原来你也和我一样，会犯错，会不完美，那咱们可以交朋友了。

我在网上做直播课程的时候，也会采用哈佛商学院的冷叫方式，突如其来地点到某个学生回答问题。课后，有的学生就会给我私信说："老师真对不起，我没有答到点子上。"看看，又掉进了自我怀疑的坑。其实我觉得她的发言很好，真情实感，真正的感悟让我感受到了力量。

做真实的自己，通过表达（express）自己，来与对方加强了解，建立更深厚的关系。而单纯地表现（impress）自己，以博得他人认同的做法，并不可取。因为不论你打算让他人看到什么样的你，只要这不是你自己的真实表达，就总有被他人看穿的一天。不评判他人，也不怕被别人评判。了解自己的优点和缺点，真实给了我们真正的力量和自信。

让人脉搭建成为一种习惯

很多人都说：您要求常常和别人见面、吃饭，要记录所有和人的会面，还要及时跟进，长期维护，可是我真的很忙，上班节奏紧张得顾不上喝水，下班还要带孩子，周末要去老人那里，哪里有时间去搭建人脉呢？

其实，人脉搭建是一种生活方式和生活习惯。你可能不会每天计算自己早晨起床洗脸刷牙用了多少时间吧？为什么呢？因为这已经是你的习惯。它不会占用其他你能意识到的可利用的时间。那么，如何让人脉搭建成为下意识的行动，成为一种习惯呢？

第一，不要独自用餐，要利用午餐时间搭建人脉。

每天下班后和周末当然是家人家庭优先，所以工作日的中午，利用午餐时间和别人一起吃饭就是人脉搭建最高效的时段。你可以利用午餐约自己的同事，其他团队的同事、老板、事业导师，或者工作上的合作伙伴一起吃饭，也可以邀请在线上有联系，又想增进友谊的线上人脉吃饭。

工作午餐因为时间有限制，大概一个小时之内，这个时间长度正好给你比较充分了解对方的机会，又不至于没有了话题。从食物到周末安排，从工作的分享到业余爱好，在非正式场合下，轻松地增强连接。不论是和谁吃饭，饭前一定要多准备几个话题，即使对方不善言谈，你也不会遇到吃着吃着不知道谈什么了的尴尬。

一对一吃饭的好处是容易协调时间地点，能非常深入地了解对方。

也可以邀请 4 人一起吃饭，4 个人就有不同的互动和化学反应。聊天的范围更广泛，一下子就建立了一个团体的感觉，在 4 个人中，你也可能会有偏爱，以后可以单独约想要更深入交往的人出来。

有的人问："我可以 hold 住 3~4 个人，但如何 hold 住 10 个人的环境呢？"我给你出个主意：如果你是组织者或约饭人，就能 hold 住了。建议你组织 8~10 个人的饭局，请的人大部分是你认识的，或者你自己认识的 5 个人，让他们带一些有趣的朋友。如果你家有条件请客的话，家庭宴会是非常好的一个办法，大家可以一起聊聊家装，聊聊摆设，聊聊你的藏书，聊聊你的厨艺或是餐具，这样可以给你非常多的展示自己的机会。不论在家里吃饭还是到餐馆吃饭，你要想一些调动大家积极性的话题或者破冰游戏。

我喜欢请几对夫妻一起吃饭，这样可以聊一下每对的恋爱史，很自然，很轻松地了解对方。

把“不要独自用餐”当作一个口号，一个生活信条，充分利用用餐时间结交和维护人脉，就是高效省时搭建人脉的法宝之一。

第二，不要浪费任何会议机会，要在会议中结识人脉。

职场人士肯定有机会参加行业会议或者论坛。在你出席这种场合的时候，重点不是去了解行业知识，因为知识你可以通过日常的学习来获得。你的重点应该是去搭建人脉。

会前要做好充分的准备，了解哪些人会参加会议。怎么才能找到与会者名单呢？有时会议召集时会列出出席人，以此来吸引大家参与。你甚至可以找到组委会，自荐去帮忙，会议组织者有可能已经焦头烂额，这时候你提出去帮忙，并给出好的建议，贡献自己的时间精力，就能够得到第一手资料。把与会人员好好研究一下，准备好见面能够谈的话题。

上次我参加我们州贸易办公室组织的年度水论坛，因为我和贸易办公室的科技负责人 Joe 在以前的一次会议上见过，之后我邀请他出来吃过几次午餐，我们会聊聊工作，聊聊家庭。如果有中国排水企业代表团来美国的话，我会邀请他们来明州演讲，带他们参观一下明州的排水设施。这位负责人帮我召集会议，非常热心。这次他邀请我参会，并要介绍一些水技术的企业给我。

到了会场，要知道哪里是有战略意义的地方，那就是吧台、自助餐台、小食台等地方。一到会议中间休息，这才是你最不能休息的时候，在这些大家会聚集的地方，争取多认识一些人，也许从评论一下食物开始，和周围的人聊一下他们是做什么的，交换名片，表示之后会发邮件给他们。

会下作为召集人，Joe 总是被各路人马围着，我抽空会到他面前打个招呼，顺便和围着他的人打招呼，介绍一下自己做什么，但主要是听听别人做什么。午餐的时候，把餐盘拿到座位后，就是和同桌的七八个人聊天的好时机，这个时候可以更详细地聊聊。比如我旁边坐着明尼苏达大学科技部门的人员，就会问问明大最近在哪些技术方面有突破，如果我想把技术引进到中国，应该找哪个部门的人。她很高兴地说可以帮我引荐。我跟她们说自己很喜欢爬山郊游看风景，既然她们是老明州，有什么好的景致可以推荐，同桌的人就纷纷出主意，介绍好的州立公园给我。这样我们的相会就变成多层次的了解了。会后，我会给他们发邮件，告诉他们很高兴认识他们，并感谢他们给我提供的明大的联系方式，介绍的好景点，希望能约着下次一起吃午饭。回家后，我会把我们在哪里相识，主要谈了什么，她们的兴趣点在哪里，记在名片的后面，作为人脉数据库的一部分。当然我也会给 Joe 发邮件，感谢他的邀请，约他下一次见面。

所以每一次会议，我都会尽量多认识些人，重点不是去结交大人物，比如有的人可能会去排队和马云、马化腾握手合影，可是他们不会真的通过会议认识你，也不会把有自己手机号的名片给你，但是如果你去主动认识一下他们身边的人，可能是部门总监等，往往能和他们建立起有意义的人脉联系。

有时我听到朋友抱怨：又要去参加一个无聊的会议了！这种时候，我真想震醒她："千万不要觉得会议无聊。会议提供了非常重要的人脉搭建的机会。"记住：开会一定要坐在前排，还要脑子里准备一些好的问题。为什么呢？

坐在最前排，首先有利于你精力集中。我们小的时候也有这种经历吧？坐在教室前排更容易认真听讲，坐后面更容易开小差。

其次，坐在前排，容易引起会议主持人、演讲人和嘉宾的注意，可以增加你和会议嘉宾及组织者的互动。但是你一定要提前对会议内容及演讲嘉宾做好调查研究等准备工作，针对当天的演讲或者议题提前准备几个好的问题，能够引起演讲者深谈下去。也可以在听的过程中，积极思考，想想有什么好的问题可以提问。一般会议都有提问环节，利用这个环节，举手发言，提出你的问题。

会后，马上走到前面，跟嘉宾介绍自己，感谢 TA 回答问题，给你很多启发。如果方便，可以交换名片、微信，甚至可以相约再见。

所以说，既然要去开会，千万不要浪费人脉搭建的机会。

第三，不要浪费时间在网上闲逛，要利用碎片时间关注他人。

既然有了便利的网络，那就让我们积极地利用它省时省力的优势，把注意力集中在网络社交上。

微信上点赞只是举手之劳，在写评论的时候要真诚地发现朋友们的亮点并发出赞美，有问题的时候就与对方私信互动。这些都不会占用大块的时间，利用碎片化的时间，比如等车、挤地铁、打出租甚至出恭的时候，就可以完成。

除了微信，还可以利用领英这个偏职场的工具来社交。你看到别人的升职提示、工作变动提示等等，可以马上发出祝贺，显示出你对对方的关注。

如果你把大量的时间用于浏览网络信息是弊大于利的，第一并不能称作真正意义上的学习，第二会大量地占用有效时间，几个小时转瞬即逝。但是如果你利用好碎片化的时间，随时看一下社交网络，不潜水，有针对性地进行沟通，是非常有效的人脉搭建的办法。所以如何利用好网络是一个辩证的关系。

第四，不要独善其身，要找到自己喜欢参与的社团组织，做志愿者和组织者。

有选择地参加社团组织，定期参与活动，也是一个高效省时社交的法宝。

你可能会问：工作生活这么忙，哪有时间做志愿者或参加社团活动？如果让你每天都做，对谁都有难度，毕竟不是工作。是否可以选择那些一年一度的大型活动做志愿者呢？这样一年你只要忙几个星期，但是通过这几个星期的活动，你可以得到高质量人脉。

比如我每五年一次，做哈佛商学院返校活动的志愿者，只需要在返校前三个月每月一两次电话会议，商量聚会的细节。虽然听起来又要召集同学，又要安排晚餐，还要选择纪念品，再加上组织中国校友的活动，好像非常忙，其实并不用很多时间，因为可以和组委会的其他志愿者一起分担责任。在这个短短的过程当中，与组织者、其他志愿者以及被召集的同学，都能建立很好的合作关系，给友谊再添一把火。一个肯于奉献的人，会给大家留下不错的印象。

如果你能够组织一些有共同背景或者相似兴趣爱好的人一起做一些有趣的事，不仅自己身在其中享受乐趣，而且因为你是发起人或组织者，时间上也更能根据你的需要而定，给了自己很大的灵活度。

我的哈佛师兄、“享物说”的创始人之一史地文大叔，自己组织了两个500人大群当群主，叫“长板坡”，意在取每个人的“长板—优势”聚集贤能，一起做一些有意义的事。他有三个有趣的群规：第一，只谈赚钱；第二，抢红包不能道谢；第三，不能赞美群主。大家都超喜欢这三条，凡是违反群规的要罚20元红包，分100份。在“长板坡”，他每周都组织一个饭局，只有12个名额，AA制，但是每周都邀请嘉宾来分享各种不同的有趣话题，从人工智能，到国际学校，从找到激情到婚姻幸福，所有大家关心的或者焦虑的话题都有涉及。可想而知，“长板坡”的平台是多么有意义和有趣的一个人脉圈子呀。

第五，不要忘记帮助过自己的人，要知道感恩，也去帮助别人，传递善意。

有可能大家会问：感恩为什么放在时间管理这里讲呢？如果别人帮助了你，你没有表示感谢，或者过了很久才想起来感谢，这个人脉关系就会冷掉，到时你需要对方再次帮助你的时候，反而要费很大的力气，才能建立这种信任和关系，费工费时，吃力不讨好。其实记得帮助过你的人，并且及时表示感谢，花不了多少时间，有时只是一通感谢电话，一段微信留言，或者寄个小礼物表达感恩。感恩的举动相当于你在人脉银行里存款。这样的存款和积累多了，人脉到需要的时候才能即时提款。

同时我们也要主动地想到去帮助别人，传递这种人和人之间的善意。你的举手之劳，可能会解决别人的大问题，随时随地，从点点滴滴做起。比如有的人有烦恼，你看到了，说几句宽慰的话；别人有疑问，你仔细聆听，点拨几句；利用自己的人脉帮助别人建立一个连接，做个介绍。这些小事只需几分钟，但是在他人眼里都是你的善意，会积累很多善缘，也是为你的人脉银行存款。

我常说："人脉是麻烦出来的。"你麻烦别人，就是在人脉银行里提款，然后你也要去帮助别人，去存款。给予和索取应该是一个平衡的关系，你的人脉银行才不会透支。

第六，不要忘记人脉不是一根线，而是一张网，要广聚人脉，整合资源，做个连接者。

每次我回北京或者上海出差，时间短暂，可是有太多的人想见，我就会把可能有交集的或者可能存在合力的人聚在一起见面。

比如在北京，我邀请与我合作线上课的主要人员和我一起吃午餐，同时我还会邀请一个做自媒体短视频运营的朋友，还有一个搞儿童美育的朋友一起来吃饭。午餐当中，我希望短视频运营的朋友可以给线上课平台提供一些资源和建议，希望搞美育的朋友能够在平台开设一些课程，也希望线上课平台可以成为美育平台的宣传渠道。

在上海我会把所有相熟的哈佛商学院的校友聚在一起吃饭，聊聊大家最近做的项目，分享生活上、子女教育上的一些问题。

在明尼苏达，我会每年搞三次节日大 party（元宵、中秋、感恩节），把我认识的当地中外朋友聚集一堂，以食物会朋友，庆祝节日，提供给大家搭建人脉、建立友情的平台。很多业务的合作、友谊的建立都得益于我家的 party 呢。

对我来说，我愿意做那个连线人，或者织网人。一石多鸟，不仅节省自己的时间，同时给大家创造合力，促进资源整合，何乐不为呢？

第七，不要人走茶凉，要养成记录和跟进的习惯。

见过面，握过手，拿名片，转身走，绝对不可取。当你在会议或者面谈中见到一个新人，收到名片，谈过话以后，转身就要把你们见面的时间和地点，这个人的特征，你们谈话的主要内容，和对方的兴趣点记在名片背后，或者你的手机联系人备注栏，作为你人脉数据库中的重要资料。回家后 24 小时之内，应该给对方发个信息，表示很高兴见到对方，希望下次有机会再见。如果你对这个人脉特别感兴趣，或者有很多共同语言，或者有可能有商业机会，那一定要找机会邀请对方单独吃一个工作午餐，让你能更多地了解对方，把对方真正转化成自己的人脉。

像我在前文中提到的 Joe，我和他第一次单独午餐时，他提到了自己刚刚丧偶不久等个人情况。我就把这些信息记下来，下一次见面的时候，我会问起他最近的单身生活如何，他跟我说自己再婚了，生活很幸福，孩子有什么样的工作等等。不是我有超强大脑能记住人脉的情况，而是因为我有记录的习惯。小小的一个记录的动作，占不了几分钟，却拉近了人和人的距离，因为你关心对方的生活。

在这个世界上，每个人获得的时间都是平等的。在忙碌的现代生活中，大家都恨不得一分钟掰成两半用。建议大家还是选择生活的重心，依照重心和主次，按照顺序安排每天的活动。不要求尽善尽美，每天能够做成三件重要的事情，就已经很好了。

当我们做到上面的“不要”和“要”，你就不会觉得人脉搭建侵占了你的工作时间、和家人在一起的时间、学习的时间或者娱乐的时间了。人脉搭建不是要你刻意去开辟单独的时间和空间，而是存在于你的工作和生活当中，它不是生活中的 extra（额外负担），它本身就是一种生活方式，是你生活中的一个习惯而已。

害羞的中国人，如何融入美国人的社交圈

我在美国已经生活 19 年了。有朋友问：在美国搭建人脉和在中国有什么差异吗？美国人的处事方式是否跟我们中国人有很大不同呢？我想通过这篇文章给大家答疑。

不论美国人还是中国人，大家都是人，那么就有共性：

从基本物质层面来说：

- 对饮食的需要，进一步就是对美食的喜爱。
- 追求健康的身体，包括运动、养生、护肤等等。
- 对美好事物的喜爱和渴望，包括对大自然的美景，对房屋装饰，对服装服饰，对美女和帅哥等等。

从精神层面来说：

- 有好奇心，渴望获得知识，和对奇迹的内心震撼和感动。
- 内心渴望得到别人的接纳、认可和肯定。
- 重视婚姻、家庭和亲密朋友，渴望从这些亲密关系中获得幸福。
- 可以从帮助别人的过程中获得满足感和快乐。
- 渴望有一定的社交圈子和一定的社会地位。

在人脉搭建中我反复强调的真诚，温暖地与人相处，找到人与人的共同点，和为他人创造价值，对哪国人都适用。上面的共性也提供了帮助我们寻找共同点的线索——家庭、子女、健康、美食、旅游、体育运动等都是很好的话题。

但是美国人由于文化、传统和习惯的不同，在人和人的交往中，与我们中国人还是有一些不同的，了解了这些差异，有利于我们和美国人相处，更多地了解他们的特征和特点，采取更有效的方式和对方建立一个联系，甚至发展出深厚的友谊。

很多人初到美国时都会觉得美国人很友好和气，尤其是在非一线城市里面，你在街上走，对面来的人都会跟你打招呼说Hello，或至少点头致意。但是在美国住了一段时间的人又会觉得美国人有些虚伪，太多客套，不会真正暴露自己。比如他们问你：How are you？（你好吗？）其实并不是真的要知道你过得怎么样，你如果真的说“我过得不好”，再倒点苦水的话，那就越界了，让对方无所适从。

美国人大多愿意主动帮助别人，因为他们对陌生人首先选择信任。比如一辆车雪天在路上抛锚了，后面来的车子很可能就会停下来问对方是否需要帮助。邻里之间的相互帮助也是非常自觉的。比如我们家门前的雪如果早晨没有及时清除，对门的邻居在铲好自家的雪以后，一般都会顺手帮我铲掉。再比如我们出去度假一周的话，订阅的报纸会被送报的随意丢在门口，美国邻居会随手帮我们收起来，以免被别人看出家里没人。华人对陌生人警惕性比较高，和美国邻居的互动比较缺乏主动性。

美国人的隐私观以及人与人的边界感都很强。他们把年龄、体重、经济收入、婚姻状况、性取向等都看作个人隐私，不会随便告诉别人。有些中国老人习惯打听别人的收入，在美国就是非常不合适的。我们中国人的朋友之间，晚上10点钟打电话给对方也没什么，但是美国人给别人打电话一般不会超过晚上9点。

美国人更喜欢参与各种社团活动。孩子学校的家委会很多家长会积极参与其中。各种慈善机构，公益服务组织，美国人都积极参加。积极参与就意味着他们喜欢发表自己的意见。参与的主要目的也是希望能为他人服务，并且自己的声音和想法能够被听到。在美国的华人更多地倾向于管好自己的小家庭，在参政议政上，在学校家长联合会服务上面都明显没有美国人更积极。

美国人更喜欢表达感谢。如果你邀请他们到家里做客吃饭，他们会写感谢卡给你。小朋友收到别人送的生日礼物，也会寄出感谢卡片。美国家庭会培养孩子感恩，给对自己有过帮助的人写感谢卡片，从小就养成了习惯。除了感谢卡，美国人也会送礼品卡来表示感谢，每年新年时孩子们送给老师，或者感谢对自己有过帮助的人，星巴克咖啡店或者周围餐厅的，或者是沃尔玛等超市的礼品卡都是大家送礼物的最佳选择。金额不必很高，10 至 20 美元就是一个表达感谢的合适额度。如果赶上朋友的婚礼等，25 美元到 100 美元之间都是体面的贺礼。

美国人对自己看不惯的事情一定会仗义执言。如果看到别人插队，他们一定会大声制止。刚到美国不久时，一次我们去超市买牛奶，为了省事老公把车停在超市门口等我，一个美国人过来敲车窗，大声指责老公不讲公德，应该把车停到停车场。还有一次我们背着孩子一起横穿马路，被旁边的美国人大声呵斥。刚来美国的时候真不习惯美国人这种“多管闲事”，但是时间长了，感觉出美国人这种正义感还是很让人钦佩的。

美国人不喜欢跟别人发生金钱关系。我有一个美国客户，跟中国公司正在谈合作事宜，邀请中方企业管理层到美国来参观。中方的项目经理是一个厨具爱好者，他想在网上买一套价值 2000 多美元的刀具，可惜自己的中国信用卡不被网站接受。于是他想请求美国公司的老板先帮他代买，等他来美国的时候再把钱还给这个老板。在我们中国人眼中这是很正常的一件事，说不定我们自己就把这套刀具送给合作伙伴了，更别说是借钱了。但在美国人眼中这件事就复杂了。这个老板给我打电话，说：“这样借钱给他会不会不稳妥？”我说：“不会吧。他肯定会还你钱的。”可是他说："因为我想和他做朋友，所以才不想和他发生金钱上的纠纷。"从这件事上我看出了美国人的金钱观，他们一般不愿意和别人发生钱上的纠葛。

大部分美国人其实是没出过国的。他们对外国人不是很了解，所以会有意保持一定的距离，不去主动接触，所以你会觉得跟他们的关系非常肤浅，只停留在见面打招呼的程度。我有一个朋友Tim从上海被公司调到美国做高管。他很喜欢去健身房的网球中心打球，发现周围打球的美国人对自己几乎都是不理不睬的状态。直到半年之后，自己的球技精进很多，常常会赢球，周围打球的常客就会过来跟他攀谈，还邀请他去喝啤酒，聊开了。他总结说："美国人要看出你的优势才会来主动接触，不然他们觉得你中国人，不了解，也不愿意接触。"

以上都是我观察到的一些美国人的表象，如何与美国人相处，如何在美国搭建自己的人脉圈，我有几点建议：

第一，Speak Up，学会发声。中国人一般比较含蓄，不仅由于语言障碍，而且文化传统上来讲比较内敛，不习惯于发声、大声讲出自己的观点。可是在美国这样一个社会，不发声你就不会被听到，你的意见得不到伸张，你不会被重视。在公司里面如果你只知道埋头苦干，而不擅长和老板同事沟通，那么升职的机会就轮不到你。在社会上，我们都要学会发声，发表自己的意见。积极提高语言交流能力，不然茶壶里煮饺子，有话道不出，只能被欺负。《国宝银行》这个获得奥斯卡提名的纪录片就是一个很好的例子，华人在美国一定要能发声，捍卫自己的权利。

第二，积极参与社会活动和志愿者组织。华人“自扫门前雪”的传统形象需要破除，建议华人多参与学校里的家委会，这样对孩子学校的情况能有更多的参与和话语权，与其他家长也能更多地交流，搭建人脉。参与各种社团活动，比如说参与到你认可的某种慈善事业、行业协会、校友会当中，为组织出力，通过服务更好地贡献自己的力量，也是一个认识别人，并被别人认可的好机会。做组织者是我们把客场变成主场的好方法。

第三，勇于表现出自己的优势和特点。在美国不需要韬光养晦，掩藏自己的长处和优点，更不能妄自菲薄，为了显示谦虚而故意贬低自己的能力。在美国，人们更喜欢自信的人。不是让你吹牛，每个人都有自己的优势和长处，把它们表现出来，展示出来，像我的朋友 Tim 一样，展示出自己的优势，让美国人另眼相看，就会吸引更多的人到你身边来。

第四，积极主动地帮助别人。我们每个人都有自己的价值，即使在异国他乡，我们还是能用自己的各种价值帮助到他人，需要的就是真诚，要用心，不要怕麻烦。我们积极帮助别人，就能赢来朋友。比如有的朋友小孩结婚，我会主动问他们是否愿意在我家举办婚礼招待会。如果看到有的朋友刚生完小孩，就会给她们全家送去食物，或者帮产妇看看婴儿，让她睡一会儿。这种帮忙都是真心实意的流露，不会觉得特别麻烦，可是通过帮助他人，我们不仅能获得真正的快乐，还能结交好朋友，不论她是哪国人。

第五，表示感恩。别人帮助了我们，不要觉得自己心领了，对方一定知道。我们特别要像美国朋友学习把感恩表达出来。从小教孩子写感谢卡，亲自表示感谢，逢年过节送礼品卡表达心意。我请美国朋友教我射击，他是一个公司的高管，要利用上班午饭时间到靶场陪我打枪，真是让我过意不去，所以训练结束，我送了一张靶场的 75 美元的礼品卡给他表示感谢。

第六，遵守社会秩序和公德。不横穿马路，到公共场所不大声喧哗，孩子不在餐馆追逐打闹，在商场里不需要的东西归放回原处，购物后把购物车推到指定地点，不破坏公物和自然景观等一些基本的礼貌和秩序要遵守。即使在邻里之间，也要遵守一些约定俗成的东西，比如严格执行垃圾分类；在收垃圾的前一天晚上 7 点后再把垃圾桶推出去，而不是一直把垃圾桶放在门外。自己门前的草坪和树木要注意锄草和维护，不要影响小区统一的景观。尊重社会秩序和公德，才能获得别人的尊重。

第七，主动社交，搭建自己的人脉圈。由于我上面讲的原因，土生土长的美国人对外国人不了解不熟悉，一般不会特别主动。这就要求华人在社交上采取更主动的态度。

作为孩子家长，刚到一个新学校，我会邀请孩子班里的同学到家里来玩，我还会邀请孩子几个好朋友的妈妈一起定期吃午餐，从她们那里我能获得很多关于学校的信息，以及教育孩子的方法。

见到新的邻居，主动送个蛋糕到邻居家，欢迎他们搬到小区来；邀请邻居到家里来吃饭；或者积极参与邻里组织的读书会或者圣诞庆祝活动等。一个和谐的邻里关系，能为你的生活提供不少便利、安全和快乐。

在公司里上班，利用好午餐时间，不要独自用餐，邀请自己团队或者其他团队有交集的人，一起吃午饭，是一个更好地了解对方、扩大人脉、和老板沟通的好机会。与同事增进感情，使你的工作环境更加温暖和友好，更有利于协作。

出席活动，主动结交新人，找到和对方的连接点，见面后做好跟进工作，邀请对方单独吃午餐，都是扩大人脉的有效方式。注意如果有不懂英文的人在场的社交场合，不要一直跟同胞讲中文，让不懂中文的外国人感觉到不够尊重对方。

邀请美国朋友到家里来做客，做活动的组织者。不要把自己限制在和华人交往的圈子，召集几对朋友或者几个家庭到家里来吃饭，学几样拿手的西餐其实并不难，利用家宴可以更亲切地与朋友交流，分享有趣的生活体验，在一起吃过饭的人感情会更好。

美国，虽是异国他乡，但人和人之间的交往仍然是我们生活幸福的一个重要的风向标。因为有了以上几条法宝，我从不担心搬到一个陌生的地方。因为利用好这几条，很快就能找到新的朋友，搭建好自己的新人脉圈。

第四章

职场社交：
让自己发光，别人才会被你点亮

如何“管理”老板

我在哈佛商学院读书时的第一节课，学到一个叫作埃里克·彼得森（Erik Peterson）的案例，这也是哈佛10大经典案例之一。

埃里克同学哈佛商学院MBA毕业，在公司做到经理职位，自己业务能力很强，但却遇到了各种各样来自内部和外部的挑战。这个案例给我很大的启示，关于领导力，不只要管理好下属和自己的团队，还要学会如何与平级同事、其他团队合作，更要学会“管理”好自己的老板。

《哈佛商业周刊》有一篇经典文章叫作“管理你的老板”，在文章中约翰·科特（John Kotter）和约翰·加巴洛（John Gabarro）先生建议：

“大家试想一下工作以及如何有效率地工作。如何能够得到你完成工作所需要的资源、信息、建议，甚至许可？这个答案总会指向具有权力和影响力的人——你的老板。如果不能建立起一个互相尊重和理解的关系，那么这对你的工作效率会有巨大影响。”

我所建议的管理，不是媚上巴结奉承，也不是使用手腕来操纵控制，而是如何在尊重的前提下，建立相互信任的关系，以此获得老板的帮助，使你更有效地工作，也使你的工作更有成就感和满足感。

第一，了解老板的工作习惯。

你申请一份新工作的时候，最后一轮通常会得到跟你的直接老板面试的机会，当老板问完所有问题，最后会给你机会问他一些问题，这给了你一个了解对方的好机会，也会为你最后是否选择这份工作奠定一定的基础，毕竟在有选择的情况下，谁也不愿意找一个气场不和的老板一起工作吧。

那么问什么问题合适呢？我一般会选择下面几个：

- 您今年团队的工作目标是什么？
- 您团队目前的工作重点是什么？
- 您要雇用的这个岗位人员一年之内的工作重点和要求是什么？
- 您是否可以给我讲讲您的故事，您是如何进入这个行业的？您最热爱这个工作的哪方面？
- 什么让您晚上睡不着觉？（也就是说工作压力在哪里？）
- 我面试的这个工作岗位的事业前景是什么？有什么培训或深

造的机会？

从老板如何回答这些问题当中，我可以收集一些非常重要的信息：这个老板是否思路清晰，是否目标明确，是否对工作有热情和投入，是否关心下属的发展。如果老板能干，自己自然能学到很多东西，事业发展也会得到很大助力。

入职后，怎么才能了解老板的工作方式呢？

刚上班的第一天或至少第一周内，我会尽量约老板一起吃午饭，这个最好选在公司食堂或者其他的公众场合。

我会问老板他喜欢的工作方式是怎样的？是以听为主还是以看为主。美国的一位学者彼得·德鲁克（Peter Drucker）在他的《卓有成效的管理者》这本书中曾提到以上两种工作方式。

以阅读为主的领导需要先看到文件、数据或提纲，再听下属汇报。这种领导你是不可能从楼道里的一番对话中知晓其决策的，他需要先看数据，仔细分析过，才可能跟你深入讨论这个事情。

以听为主的领导需要你首先亲自汇报沟通，再看纸上的文字。如果你花很多时间准备报告，直接把报告呈现给他，他可能要把报告推到一边，而直接问你，重点问题是什么，解决方案是什么。

如果掌握了你老板习惯的工作方式，今后的交流和“管理”老板能少走很多弯路。

第二，了解老板的期望。

作为下属，主要工作是执行老板的决议和计划，执行力是老板对下属最基本的要求。一定要把老板的期望搞清楚，以免用错了劲儿。

拿到一项指令或任务时，务必要问清楚项目的截止日期（deadline）是哪一天，需要的资源是什么，重要里程碑是什么，及核心人员是谁。

我一般都会拿笔记本记下来，搞清这些核心信息，以便做出承诺，按时完成任务。如果预测到会出现任何问题，或者任务过多，不可能按时完成任务，要和老板沟通好轻重缓急，或者申请更多的资源和支持。

一旦在执行中出现了不能控制的问题，千万不要捂着盖着，试图掩盖问题，或者拖着不解决，要及早向老板汇报。但是不要只是带着问题到老板那里，要在汇报问题的同时给出一两种自己准备的解决方案以供老板裁决。

一般工作中不会存在天塌下来的事情，任何问题都可以找到相应的解决方案。不一定是完美的，但也是在当时条件下允许的最佳方案。

我就有过非常不愉快的经历。

我曾做过一个环保改造的项目，项目完成时间掐得非常紧，因为电厂必须要按时发电，按时供暖，所以项目完成节点要具体到某一天。

在执行项目过程中，钢结构是项目最先要完成的部分，然后才能安装其他设备。工程部门没有管理好供应商，钢结构完工时间一推再推。每一次我开会，项目经理都说没什么问题，但是眼看着时间将近，还是没有完成的希望，而且项目经理没有考虑任何其他方案。

这让我大为光火。作为销售副总，被客户骂还是小事，不能完成项目耽误客户的运营是大事。另外一个工程师给了我一个提议，他主动去寻找另外一家供应商，并组织设计部门改了设计图纸，让制造更简单，并且亲自到供应商那里全天监工，保证按时保质地交货，终于使得项目按客户要求完成了。

从这两个员工身上，我们可以看出下属的执行力有多么大的差异，从而影响着整个团队和公司的信誉。

最后补充一点：如果你在协调其他团队的人员时遇到阻力，也要大胆地请求老板的帮助，因为所有的行动都是为了更好地完成工作。

第三，有自己的想法，敢于发表意见。

大多数老板都喜欢爱动脑筋的下属，而不只是一个简单的执行机器。

同样一个任务，怎样才能更巧妙地执行，要多思考，如果有好的想法，要和老板沟通，取得共识。如果老板否认了你的想法，也不要有挫败感，尊重他，不妨按照老板的意见去执行。

我有一个好朋友，她初入职场时，每次公司开会她并不像别人那样只是带着耳朵听一听，她心里总会想一想如何归纳处理这些信息，如果老板问到她的意见她应该怎么回答。结果有一次大老板真的问她的想法，她就一二三四把自己的意见和建议说了出来。一下子她的能力和智慧就得到了老板的重视。

第四，工作主动，无论何时何种情况，都以积极的态度感染他人。

我还是职场菜鸟时，总是会很快地完成老板给的任务，我最不喜欢无所事事，在公司里忙碌地工作给我带来很大的满足感。我会跟老板申请多做些工作，老板也很喜欢我积极的工作态度。随着工作范围和完成任务复杂性的增加，自己的工作能力和社交范围也有了很大的扩展。

如果你是职场老兵，不能满足于跟老板要工作，而是应该动脑筋想想自己还能做哪些事情，解决哪些问题，给公司增加价值。这就要求你善于运用自己的资源拓展新的领域，考虑老板还没有想到的事情。当我做销售副总的时候，公司承接的项目执行上面出现了问题，供应商的产品质量不达标。与其坐等工程部门给我出方案，我再向老板和客户汇报，不如积极投入到寻找解决方案中去。我马上召集设计部门和工程部门一起开会，头脑风暴看看是否可以改变设计，是否可以选择不同的供应商来解决目前的问题，还亲自跑到供应商的车间去检查生产情况，并利用自己的人脉资源为我们的替代方案寻找背书等等。

此外，积极的态度最容易感染别人，给老板以深刻印象。

记得我入职第二年，一次和公司的所有老板一起去武汉出差，做公司内审工作，正值大雨，飞机晚点。我们被困在飞机上一两个小时，乘客们开始烦躁、吵闹。

正好我从小有空姐梦，于是跟空姐们聊了一下，问是否可以帮她们安抚乘客情绪，帮忙做点事情。结果空姐果真让我替她们进行英文广播，帮乘客倒水，安抚疏导乘客。年轻的我真是很激动能有这么好玩的经历，很开心能帮到别人。

后来回到公司里面，大老板对我非常赞赏，觉得我在特殊情况下还能积极地对待事情，对待别人，后来的工作中给了我极大的支持和提拔。

第五，使自己的老板更成功，老板也会帮助你更成功。

我在毕业后的第一份正式工作是在韩国公司。刚入职的职员都要从复印、冲咖啡做起。同是北大清华贸大毕业的同人有的就会发出不满的声音。

老板曾语重心长地跟我说："你的工作做好了，我的工作才能做好。我的工作做得好，我们中国的总裁才能做好。所以不要小看你的任何一项任务。"

他的一番话让我很有使命感，即使只是帮同事制作名片、给公司定制文件夹这种简单的后勤工作，我也认真对待，不会厌弃最平凡的工作要求。当我做公司内部审计，熬夜到凌晨，把分公司的账目对得一丝不差的时候；当我负责政府关系，把公司总裁与政府的外事活动安排妥帖的时候，我的老板都会受到嘉奖，老板也由衷赞美我的工作做得细致，给我颁发特别奖金，并给我写了热情的推荐信，对我后来申请商学院起到了极大的帮助。

第六，别为自己找借口，做有担当、令人信赖、可以依靠的下属。

人无完人，任何人都会犯错误，有可能是无心之失，有可能是能力不及。别为自己找借口，不要指责他人，而要有所担当。积极找出防范措施和补救措施，力图把损失降到最小。如果你能做到这一点，老板会觉得你是可以信赖和依靠的，会将更多的机会给你。

第七，和老板建立良好的关系，从沟通开始。

尊重，信任，理解，都是由沟通开始的。

我认识一个非常资深的基金管理运营的经理，自身工作能力非常强，每周到基金所投资的企业去出差巡视，和所投企业的老板和主管关系搞得非常好，给企业出谋划策，提出好的方案帮助企业运营改革，人员调配上也是得心应手。但是年终绩效考核时他的老板却给了他很一般的评价。他心里很不服气，觉得自己做了这么多为什么不被认可，因而找我咨询。

我看了一下给他的评语，问他："你和老板每周有汇报吗？你在做什么，有什么成绩，有什么挑战，你的老板知道吗？"他理直气壮地说："我做这个企业运营管理和辅导企业高管驾轻就熟，我的老板不是做这个出身的，我也没有什么需要老板帮助和向他咨询的。"

我跟他讲："每一个老板都需要知道下属在做什么，他可以是放手型的，对你有信心，不过度管理你，但是下属的责任之一是让老板知道自己在做什么，不能由于你的傲慢，或者自满，或者忽视，而不和老板沟通，以为老板一定会从客户那里听到对你的肯定。

“每个下属应该至少每周跟老板汇报一次，面对面口头上最好，这样你可以马上收到老板的反馈，也能看到对方的情绪，不会发生误解。如果实在由于出差或时间凑不到一起，也要至少电话上或者邮件沟通一下你在做什么，取得了什么进展，遇到了什么阻力，你怎么克服或者需要什么帮助和配合。这样老板感觉被尊重，有参与感，有自己的价值体现，感受到自己的重要性，他对你的工作也会更关注，给予必要的帮助，对你的事业成功有所投入，也会更积极地为你的成功提供助力。信任是一点点建立的，如果没有沟通，如何建立信任的关系呢?

“为了你事业的提升和进阶，你需要至少半年和老板坐下来讨论一下自己工作的里程碑，寻求他的反馈，给自己事业提出更高目标。”

这次咨询过后，这位基金经理开始调整自己，每周开始发邮件总结工作，向老板汇报，和老板在沟通上取得了很大进步。

我要提醒大家的是，沟通要看老板的工作方式，如果她喜欢数据，喜欢细节，你可以长篇大论地把具体情况汇报上去，但如果他比较宏观，只需要知道项目有没有问题，那么就概括几个重点，用标题式的汇报就可以了。相信通过一段时间的工作，观察他开会或是写邮件的方式，你可以看出老板的工作方式是怎样的，有针对性地沟通和汇报就可以了。

那么，当你和老板有严重分歧的时候，如何进行沟通呢？我想给大家讲一个自己的例子。

我曾经服务的一个企业的CEO是销售出身，销售是他的强项，内部管理却不是。他尤其喜欢说脏话，不管什么场合什么人在场，内部会议总是会“FxxK”不离嘴，有时不高兴时一个句子里要加三个F字眼，大家都习以为常。

我作为一个女性，虽然英文是第二语言，但实在听不下去了。一天，我单独到他的办公室，跟他说：“马克，我想跟您交流一个事情。我很尊重您的领导力，理解您为了供应商交货问题很着急，生产团队也在尽心尽力催促这件事，大家都很着急。但是用F字眼并不能帮您解决问题，而且作为女性，听您总是这样说，我感觉很不舒服，有被冒犯的感觉。您以后可不可以注意一下自己的表达方式。”

他一听很诧异，没想到我会跟他说这个。他表示：“对不起，这就是我的表达习惯。如果我冒犯了你，我向你道歉。我会尽量注意，但我不能保证肯定收得住嘴。”

这以后的会议中，他有时满嘴跑火车的时候就会先对我说：“对不起，康妮，我无意冒犯你，但是，我要忍不住骂人了。”

确实老板有各种各样的人，道不同不相为谋。如果实在不能相处，也可以选择离职，换工作，换岗位。但是在职一天，就应该采取积极的正面的沟通方式，尊重对方，建立信任和理解。这对推动个人事业发展是极为重要的。

第八，私人关系的建立，找到自己事业上的导师（mentor）。

我有个朋友名校毕业，目前在从事 IT 业务，自己的工作得心应手，又能平衡家庭照顾小孩。但是人到中年看到自己的事业没有突破，心有不甘，于是征求我的意见。

我建议她和自己的老板安排个面谈，可以是在公司餐厅的午餐，也可以是到他办公室里约谈，把自己的困惑和老板分享一下。寻求老板的帮助，探索是否有培训机会，是否有扩大业务面和责任的机会，是否有接触其他部门业务的机会来纵向或横向发展自己。

一个好的老板，通常善于发挥员工的潜能，帮助员工成长。所以跟自己的老板交流，为自己的事业路径（career path）做个打算，也是下属应该主动找老板商议的话题。

如果老板以前没有考虑过这个问题，因为你提出了这个话题，引起他的思考，他也许会和人事一起协商，或许会和其他部门领导一起研究。总之你可以给他一段时间思考，然后再和他坐下来商量一个提升计划。感谢他给你创造的任何机会，你可以送感谢卡片，写感谢的邮件，请老板吃饭或者赠送一本对你有启发的书籍。这些都是更好地建立跟老板关系的一些手段。

还有一个朋友找到我，为几年工作中业绩斐然却得不到提升而苦恼。我建议她开诚布公地跟老板探讨自己的绩效考核，如果老板不清楚她的业绩，可以在自我评定中用数字和事实说话，列出自己出色的表现，同时告诉老板自己事业有目标，希望能够在适当的时候得到晋升，问老板自己还有哪些地方不足、需要改进，以获得更多的机会，达到满足晋升的条件。

在这种讨论当中，不要让个人抵触或者防卫的情绪占上风，而是客观地，以虚心学习的态度，讨论这个话题，让老板做自己的老师和参谋，让老板对你的成长有责任感和参与感，真诚地邀请和感谢他做你的导师。

在公司内部，不妨争取多认识其他部门的老板，也可以选择德高望重的同性老板作为自己的导师，从他们身上学习，扩大自己的人脉。

其实在我们的事业生涯中，老板占有非常重要的位置，随着一起工作时间的增多、信任的增强，老板很可能变成你终身的朋友。

我很自豪地说，在我 20 多年的职业生涯中，与自己的每一任老板，到今天都保持着很好的关系，我的第一任老板还成了我终身的伴侣。

和同事的相处之道

你每天上班和同事相处的时间可能比和家人相处的时间还要长，能否跟同事保持融洽的关系，会直接影响你的工作质量和生活幸福指数。

同事可能是你的协作者，有了他们的配合，你的工作才能更顺利、高效地进行。同事可能是你的潜在领导，你的工作能力和业绩他们看在眼里，将来一旦获得提升，他们的认可就会给你的职场铺平道路。同事可能是你的资源库和职场导师，你的专业知识或是办公室政治可能都需要他们的指点。同事可能在你消沉的时候给你一个安慰，或者是你午餐的饭搭子。同事还是你一生中重要的人脉，即使你将来换了工作，他们仍能帮助你搭桥，给你背书或者推荐。

跟同事相处，我希望你有短期目标，也要兼顾长期目标。在一起时融洽相处，同时巩固友谊，把合得来的转化成自己的人脉资源。怎么做呢？

第一，做好本职工作，能让人信赖。

其实每个人在工作当中都会不自觉地去评估他人的工作技能，同样一件事，谁学得快，谁处理得好，谁说得得体，明眼人一看便知。老板对谁青睐有加，自然有加分因素，但同事对你的个人评估在他们内心的分量更重。

工作能力的高下，首先是看你自己工作的执行力，能出色地完成自己的工作，团队成员和老板能对你的工作质量产生信赖。如果总是拖拉或者质量低，没人能够信任你。

第二，尊重其他同事，不参与是非，不背后嚼舌根。

尊重他人是人和人最基本的相处之道。办公室政治哪里都有，你要看得懂它，却不要陷入其中。基本做法就是即使听到，也不传闲话。

记得电视剧《欢乐颂》里面关雎尔因为没有参与到议论和弹劾同事蜜雪儿的绯闻中而得到老板赏识的事吧。办公室里最忌讳造谣生事或者传播谣言之人，公司里又往往有这样的人。远离 TA 们，拒绝负能量缠身的人。

第三，赞赏别人，分享功劳。

真诚地赞美别人的成功，给予他人肯定。如果同事做的项目好，哪怕只是拍拍他的肩膀说声“祝贺”或者“恭喜”，或者对他的具体表现给予实质性的表扬，比如“你的 PPT 逻辑真强，形式真新颖”“你今天的发言非常鼓舞人心”之类的话，让别人知道你对 TA 的支持和肯定。

如果团队协作出了成绩，即使你是主力，也一定记住和别人分享胜利果实，肯定大家的贡献。所以汇报工作或者公共讲话的时候，多用“我们”而不是“我”。把功劳分给大家，别人一定会记得你的好，领导也会觉得你有团队精神。

第四，提供帮助，分享资源。

当同事遇到困难的时候，主动给出帮助。如果你有好的资源，也可以和其他人共享。人脉是越分享越多的，不要总想着自己垄断。比如一个同事负责准备一个会议，你恰巧有一些资源、认识一些人可以推荐来做演讲，那就不要藏着掖着，给自己留后手，贡献出来，给同事出谋划策，建立连接，帮助同事把会议组织得更加圆满。

对待比你资历浅的同事，更要施以援手，提携、帮助他们成长，不要怕年轻人超过自己，你的胸襟和阅历足够他们学习的呢。当然也要“不耻下问”，即使是年轻人，也可能会一些你不懂或者不擅长的东西，跟他们学习，也带来你自己的提升。

第五，适度建立私交。

这里强调一个“适度”，不要把自己包裹得严严实实，除了工作以外，和同事没有任何私人交往，这样非常难把同事转化成长期的人脉资源，因为长期人脉资源肯定要有一定的友谊为基础。

适度地打开自己，比如跟同事分享自己周末参加的有意思的活动，甚至邀请他们参加。中午和同事一起吃午饭，而不是躲在自己的桌子旁吃自己的盒饭。如果合得来的同事，可以邀请对方及配偶和自己与另一半一起出去吃饭约会等等。

与现有同事的私交必须有一个“度”，你不能是一本完全摊开的书，把自己的所有想法、所有生活和对方分享。过度分享，有可能使你和对方公私不分，互相影响，甚至因为友情的变化而影响工作。记住，你们首先是同事，以公事为主。私人生活方面适度地邀请、适度地参与，就可以在工作中掺入友谊的成分。

当现同事变成了前同事，你才可能与合得来的人真正地发展友谊。

第六，面对冲突不要退却。

工作当中，难免也会和同事起冲突。比如我 MBA 毕业后的第一份工作是做总裁助理兼公司流程改进经理。总裁要我用六西格玛（sigma）的方法，调查公司各个部门的运营情况，看看哪些方面可以改进。了解六西格玛方法的人肯定知道，这项工作需要收集很多现有的数据。比如说财务部门，每天处理多少订单，多少发票，处理的结果怎样，多少能完成执行，多少要搁置等等。这个收集工作需要财务部门的配合。我们公司财务部门有一个跟我岁数差不多的年轻人，我们叫她萨拉吧。当我跟萨拉要数据的时候，她就背对着我说：“What? What?”然后站起来就走开了，一副很不耐烦的样子。几次爱答不理，都是这样。我奇怪了，自己又没有招着她，她凭什么对我这种态度？

一天早晨我早早到了办公室，萨拉也到了，我跟她说："我有话想跟你说，咱们到会议室聊一下。"我们坐在会议室里，我开门见山："萨拉，我是否冒犯到你了？还是因为什么原因我让你感到不舒服了？""没有呀！""那我觉得你对我的态度好像很不友好。我现在做的工作是为了公司能够改进工作流程，能更好地服务于客户。你提供的信息非常重要，虽然有时跟你要很多数据可能会给你带来不便，但都是为了更好地执行这个项目。我希望得到你的理解和支持。你的配合能使我的工作更圆满地完成，在此我先感谢你。""OK."她回答。我握了她的手，说祝我们今后合作愉快。

在以后的日子里，萨拉真的改变了态度，她见到我也有了笑容，配合工作也更积极了。在午餐时间，我们坐在公司的餐厅里也能聊一些你周末做什么这种轻松话题了。

遇到和同事之间的问题和冲突的时候，就事论事，放低姿态，先看看自己有没有做错的地方，然后讲大局，把对方和自己的利益放在一起，肯定对方的作用，会是一个好的开始。

第七，发挥领导力，感染他人。

不要等到你有头衔、有职权的时候才发挥领导力，你可以创造情景式（situational）领导的机会。即使你不是项目负责人，也可以提出好的建议，对自己的部分负责，协调好和其他协作人的关系，在复杂的项目中体现出领导和协调的能力。当项目受阻或有困难的时候，勇于提出自己的想法，积极寻找解决方案，积极进行跨部门沟通。你积极的态度可以感染很多人。

第八，扩大公司内部的人脉关系。

很多人只把人脉网络集中在自己部门，自己的平级、下级和自己的直系老板，而忽视了结识公司内其他部门的同事和领导的机会。

你可能会问：我为什么要结识其他部门的人呢？有几个好处：其一，在需要跨部门协作的项目中，因为你在其他部门广结善缘，你的项目可能会推进得更顺利。其二，当你厌倦了现在的工作，想调换岗位、另谋职位的时候，你在其他部门有熟人和关系，公司内的其他部门给了你比换公司更容易的一个可能。

怎么和其他部门的人结识呢？最自然的当然是在跨部门项目执行当中一起工作。因为合作，让你和对方自然地产生连接，把这种偶尔的工作关系转化成自己的人脉，需要你做一次主动的邀请，邀请对方一起吃工作午餐，聊一聊。下一次，可以让她叫上一个她部门的同事一起吃饭，那么在她的部门里，你就有两个同盟了。

还有可能在公司的电梯里、茶水间，或者上班路上、班车上，培训当中结识其他部门的同事，别放弃主动搭讪的机会。微笑，问好，闲聊几句，就是一段关系的开始。即使只是问问他们部门最近在做什么项目，最近的培训感觉如何，然后再谈起周末的计划或者最近看没看什么电影之类的内容，也是再自然轻松不过了。人都渴望和他人建立联系，更何况这种联系是互利互惠的呢！

希望大家都能利用好在公司的八个小时，日积月累，把同事转化成自己的长期人脉。

为什么升职的不是我

安浩作为执行董事，在一个基金管理该基金投资北美企业的运营管理和督导工作已经三年了。他管理的业务从2亿美元增长为10亿美元，根据他的业绩和能力，眼看今年就要升为基金合伙人，但是到了年底评估的时候，唯一升职的名额却落在了远在英国的另一个执行董事头上。

安浩怎么也想不通。

第一，英国同事的工作经历远没有自己丰富，自己从顶级商学院MBA毕业，在世界前十名的几家大公司、前三大的私募基金做过高管，又管理过新创企业。而自己的同事只在会计师事务所工作过三年，然后就是在这个基金干了10年，履历绝对没办法和自己比。

第二，安浩在美国管理的资产已经过10亿美元，而且是在安浩任职这三年内迅速增长的，安浩手里还有几个新的收购项目正在进行，整体事业都属于上升期。而英国的基金管理资产也是10多亿美元，却是经营了十多年的结果，近期并没有任何新的投资意向，随着英国脱欧，英国的业务甚至有萎缩的趋势。

第三，安浩的工作能力和领导力，受到了来自直属上司、客户、下属，包括公司外部他接触并管理的多个管理咨询公司的交口称赞。

英国同事唯一的优势在于在这家基金的工作年头更长。难道真的是按资排辈的企业文化使安浩得不到升职吗？

为什么需要背书人？

听了安浩的抱怨，我问他："你在公司里有背书人吗？"

安浩问："背书人？你说的是事业导师吗？处于半退休状态的董事长是我的事业导师。有什么事情我会去向她请教和咨询。"

我解释道："不是的，我说的是能对你的升职、加薪、获取更多机会、做更好的项目起决定作用的人。他必须是在公司高层讨论员工绩效考核时能起决定作用，并且愿意替你争取利益的人。"

安浩："我的导师了解我，肯定愿意为我争取，可惜已经半退休了，所以她一般不会参与公司的运营或者绩效考核。我的直属老板应该可以起决定作用，但是他比我英国同事的直属老板级别要低一点，会不会为争取我而和英国的高级合伙人发生冲突？我觉得他不会。"

我："那就难怪了！如果你没有导师，还不致于马上影响你的事业发展，但是在公司里面没有背书人，要想升职真是难了。"

谁能做你的背书人？

第一，背书人必须要身处决策层，能在公司高层人事决策会议上，说话算数。

第二，背书人必须要了解和信任你的能力和才干。

第三，背书人愿意为你争取机会，不惜赔上自己在公司内的政治和社会资本来支持你。

能同时具备这三条的人，就可以做你的背书人。

哈佛商学院的学姐、摩根士丹利银行的副董事长卡拉·海利斯女士给的建议非常实用：

在你进公司面试的时候，可以观察一下给你面试的人中间，哪个人会投资在你身上，会帮助你在公司里获得成功？

如果你没有在面试中遇到可能为你背书的人，那么可以在你做最后决定是否加入该公司之前，尽量多地认识该公司的同事和参与你面试的上司们，可以直截了当地问他们："我为能有加入贵公司的机会而感到非常激动，我深信自己可以为公司做出长久的贡献。但是，我们都知道在一个企业里的成功与否不仅仅依赖于员工的贡献和表现，还在于是否能够得到他人的支持和栽培。我们需要有人能够参与到我们的成功当中来。在面试过程中，我可以信赖谁来支持栽培我呢？您可以成为培养我成功的团队的一员吗？”

假如在入职决定前你询问了几个中高层领导后，还不能找到自己的背书人的话，那么你要慎重考虑自己是否要加入这家公司了。在入职初期，你需要找到两个这样的背书人，并且跟他们明确地表示希望他们参与到你的成功当中来，给你栽培和指点，这样你才可能为你职场的发展铺好通往成功的道路。

为什么我说要找两个背书人呢？只有一个领导做背书人难道不够吗？这是因为每个人的职务和职业都有一定的流动性和不确定性，如果你仅有的背书人离职了呢？难道你也要一起辞职不成？所以说两个甚至三个背书人是为了规避不可控的风险。任何一个背书关系都需要时间来培育、来经营的，所以最佳方案就是同时培养多个背书关系。

如何寻找背书人？

你可能会想：领导为什么会为我背书呢？

停止怀疑自己吧！为你背书并不是一个利他损己的事！

当公司雇你进入一个岗位，就是因为面试官和你的老板认为你是比其他竞争对手更适合这个岗位的人。那么利用好这个机会，让面试官或者是你的上级领导直接参与到你的背书团里来。他们招你进来，就有一定的责任帮助你获得成功。

如果你成功了，你的老板脸上也有光，正好表现出他的知人善任！谁不希望自己的下属精干得力呢？再说，这样的下属也一定会为对自己有知遇之恩的老板尽心尽力地工作的。即使将来下属另谋高就，老板也在其他公司里有了一个强连接的人脉。

我初入职场时参加韩国公司的面试，四位面试官里就有我自己未来的直属老板总务课长、人事课长，还有企划部长和中国地区专员。入职初期，我在总务/人事团队工作，受总务课长和人事课长两位老板直接管理。专注、努力、认真做好每一件小事、并且积极和老板沟通，主动找活干，绝不让自己闲着，还常常和老板一样加班加点地工作，这样很快就赢得了直属老板们的赏识。

我在大学里面自学过韩国语，在公司里也不断和韩国人或者朝鲜族的同事学习韩文，两年内，我已经可以用韩国语做 PPT 的报告了。还是那个脸皮厚的原则，我不懂就问，有时也会有冒傻气的问题，但是这并没有损害我的形象，公司老板们觉得我很爱学习，上进心强，人也有趣，所以整个总部从社长（CEO）到课长（我的直接领导），都对我很友善。我有时也会教这些韩国老板们一些中文会话、诗歌和中国文化，所以除了上下级的关系，我们也有点老师和学生的私人关系。

就职一年以后，公司准备组建一个内部审计部门，要从各个团队抽调人员组织这个新团队，由企划部长领导。我老板直接推荐了我，他说这是一个锻炼我成长的重要机会。

在审计团队频繁出差，没日没夜地干了半年，当时的直属领导企划部长，以及其他几个和我们一起出差的次长和课长们对我工作敬业的精神和工作质量有目共睹，集体为我背书，所以在入职的第二年我就被破格晋升为主任。

20 年前的我在职场上还是一名小白，更不知道背书人的概念。但是凭着认真的劲头、极强的责任心、积极的态度和良好的向上沟通力，给自己无意中积累了背书人，为我的事业上升起了极大的助力。他们给我写的强有力的推荐信又把我送进了哈佛商学院。

升不升职、加不加薪，还真不是光凭个人努力就能够决定的。你做到了所有应该做的一切，但是没有背书人在后面挺你，为你争取，往往机会就会落在那些有人背书的同人的头上。

所以说，不要再问“为什么升职的不是我”了！你在职场上积极地寻找背书人，也有足够的工作实力能让他们心甘情愿地为你背书，下一次的机会就是你的！

销售的核心是为客户创造价值

不少做销售工作的人来上我的人脉课。他们抱着学习销售方法的期望而来，想通过上课来学习与人结交的能力，还想在课上多认识一些潜在客户。还是先讲讲我做销售的经历吧。

我曾经在一家美国的环保技术企业做销售副总。虽然美国的技术在一些方面有优势，比如成熟度和成功案例比较多，但在竞争激烈的市场环境下，要想拿下项目也非常难。在这种情况下，如何做销售呢？

有人说“销售就是耍巧舌如簧”或者“销售要在酒桌上搞定客户”。偏巧这两样我一样都不占，既不是特别能说会道，又滴酒不沾。我只能用我搭建人脉的一贯方法，就是真诚、温暖，并且努力为对方创造价值。

真诚，包括真心地和对方结交，诚实、靠谱。在介绍公司的时候，我会努力地把优点和长处展示出来，给对方以信心。但是，如果我不确定的，就一定会和技术人员验证以后再回答。即使得到的答案不是最受欢迎的或者客户想听的，我也要有一说一，提前打好预防针。如果在项目执行过程中，我方有失误，我也会到客户那里真诚地道歉，不推卸责任，尽力地弥补，把时间抢回来。这样的态度，很快就会让客户接受。

温暖，是我做人的态度，不论是上到总经理、厂长，下到部长、专工，我都一视同仁地对待，给人温暖的感觉。和客户在一起工作或者吃饭，我就会和他们聊家常，询问他们的背景经历、家庭和孩子的情况，对他们真诚地感兴趣，想去了解对方这个人，就会给人好感。有一次我本来约了一个潜在客户见面，可是正赶上他突发阑尾炎，需要手术，我就利用资源寻找最好的医院，后来直接跟着他跑到了医院，看他安顿下来才离开。虽然没谈成生意，但是他一直记得我。5 年以后，他的项目要启动的时候，还记得来找我，邀请我来参与。

为客户创造价值这一点我深有心得。客户真正需要的是什么？在一个大型国企里面，绝对不是个人的经济利益。客户需要的是安心。这个安心就是说项目交到我们手里，客户确信我们能在规定时间内，在报价金额内，达到质量要求和技术标准。我能做到的给客户的价值，就是满足他们的这个真正需要。所以，即使名义上我只负责销售，但是我会和公司的设计团队、采购和安装团队、财务团队一起紧密合作，盯住重要的项目节点，抓项目执行。

一般的工程项目总是会有这样那样的不可控因素出现，所以遇到情况的时候，要马上与客户沟通，不能捂着盖着，等到问题放大。邀请客户跟我们一起想办法，因为双方圆满完成项目的目标是一致的，所以双方的密切合作，集思广益，整合资源在项目执行当中极为重要。而作为销售的我，在里面就要变成黏合剂，不仅团结公司内部团队紧密配合，还要激发客户配合的主动性。所有的动作，光开个会是没用的，最重要的是一对一地去沟通。

比如有一次工程快到收尾了，在焊接过程当中，发现所用焊条的抗拉强度出了问题，我首先寻找自己的人脉圈中懂材料的资源，但是他们不能告诉我具体到我需要使用的高温场景下这种金属的表现。于是我便向客户求助，请求他们介绍懂焊接的权威专家给我们，三方一起坐下来研究方案，最后圆满解决了问题。

利用所有可用的人脉资源，寻找解决方案，应该说就是 resourceful 最好的表现了。

除了在项目上给客户一个安心以外，我还会考虑如何为客户个人提供价值。这种价值绝不是体现在个人的金钱收益上，而是客户内心最关注的东西。对大多数人来说，就是孩子。

我们怎么来关心到对方的孩子呢？要从聊天开始，了解对方小孩多大年纪，男孩女孩，平时孩子喜欢做什么，家长最忧虑的事情是什么等等。

比如一个客户的孩子准备考美国的大学，我介绍自己认识的靠谱的留学顾问给她。

还有一个客户，孩子正在上大学。对大学生来说，什么最重要？当然是实习的机会。多尝试一些行业和岗位，有利于发现自己真正喜欢什么，不适合什么。于是我就利用自己的几个人脉每年帮他安排一个不同的公司去实习。

另外一个客户，孩子准备出国读研究生，我就帮她看看申请文书，给出一些意见。

如果客户希望我帮孩子介绍男朋友，我就把自己收到的哈佛商学院组织的一些活动信息发给她，希望她能扩大自己的社交圈子。

利用自己的能力才干，帮助别人，或者利用自己的人脉，帮助他人建立连接，都是最容易为他人创造价值的途径。这些非金钱的价值，是真正能够触及对方内心的东西。

我的理念就是：买卖不成仁义在。我和每一个新的潜在客户接触的时候，都是以最大的诚信相处，把我们的最好的实力展示出来。生意成功与否我并不放在心里，只要诚信交往，为对方创造价值，即使没有生意也还可以做朋友。这就是为什么虽然我换了好多行业和公司，20 年来我交往过的客户，还都会保持联系的原因。

职场必杀技：开拓高质量人脉资源的能力

很多人问我：对入职不久的年轻人来说，必须要学会哪些通识技能，才能在职场上立于不败之地，获得更多的发展机会？

每个“过来人”都会有自己的答案。有的可能说是敬业精神和谦逊的态度，有的可能说是极强的学习能力和求知欲，还有的可能会说是沟通能力和文字表达能力等等。

领英中国做的“职场通识技能大调查”表明，职场人最不擅长且最羡慕的技能是人际沟通类的技能。

说到人际沟通，你可能想到的是谈判、演讲、销售等能力。但我想强调的职场必杀技就是开拓高质量人脉资源的能力。

先给大家讲讲我的一个小故事。

相信接触过对外贸易的人对一个难题非常熟悉：供应商和品牌之间最大的不信任感体现在何时付款上面。对于供应商来说，货如果上了船，却还没有收回货款，那就存在相当大的风险，如果品牌不能卖出货或者干脆赖账的话，那就血本无归，所以供应商倾向于款到发货。可是从品牌来说，货还没发就必须早早付款，而他们从零售商那里得到回款可能要在3个月以后，甚至更长。所以作为品牌的中间商，资金周转的压力非常大。如何能够从供应商那里争取到和零售商一样的背靠背付款条件（即都有同等的账期条件），对企业来说是生死攸关的问题。

十几年前我在一家美国消费电子品牌公司工作，如何获得供应商的付款账期是我们最头疼的一件事。

一天，我从美国的一则报纸新闻里发现有一篇关于中国的出口信用保险公司的报道。为了支持中国企业的出口业务，减少他们的收款风险，保险公司对外国进口商的财务风险进行评估，如果认为其付款风险不大，就会为中国生产厂商提供保险，厂商只需要付少量的保费，就可以给外商提供优厚的付款条件，这样，他们出口业务的规模将扩大，同时又规避了客户的违约风险。对于外国公司来说，因为有了账期，减少了对现金流的压力。对于保险公司来说，增加了保费收入，同时支持了中国的出口业务。所以这个保险关系一旦确立，就是一个三赢的局面。

于是，我就利用114查号台找到了这家公司的总机（当年还没有如此方便的网络信息）。简单介绍到："我来自一家美国公司，每年从中国进口大量电子产品，想了解一下贵司的美国业务，应该找哪位？"接线员把我转给了美国业务部，一位和善的女士接听了电话，她是美国处的处长，她听明白我的来意后，就把我推荐给她手下的一位同事，让我们具体业务具体联系。我按照要求发了传真咨询以后，就和专门负责美国业务的小刘利用跨洋电话单聊了起来（那时还没有微信）。

怎么把一个陌生人变成自己的资源呢？

第一，通过分享信息找到与他人的共同点，形成连接。

除了询问业务，我问起小刘的学习和工作经历，从毕业学校谈到信仰，对她的事业成长的励志故事钦佩不已。我绝不保留对他人的赞美，尽情地表达自己的佩服和倾慕之情。同时，我也和她分享我的人生经历，因为都曾经到海外求学，也都有基督教的信仰，所以几次谈话以后，我们就感觉像朋友一样了。

第二，频繁的沟通，增强双方的信任感。

紧接着，为了让保险公司对我们有了解和信任，愿意为一个美国的中小企业担保，我邀请他们公司的核心领导和对接团队到美国来考察我们的总部业务，包括和我们的客户——零售巨头见面，和我们的主要投资人见面，同时给他们展示我们的市场战略、品牌知名度、和销售渠道的亲密关系，以及过往业绩和成长速度等等，让他们终于打消了顾虑，答应给我们和中方的业务提供支持。

在公事上，我作为主要负责人，最主要的就是主动地加强和保险公司的沟通，让他们对我们的业务有完全的了解，做到信息透明。所以我每个月都会跟他们分享销售信息、客户进展、品牌排名、新产品的开发等情况，这种积极的信息分享，使对方对我们的信任感加强，即使偶尔我们因为零售商欠款而造成给供应商回款不及时的情况，他们也能对我们的信用度做出正确的判断，不至于减除额度，限制出口。

在一起工作的几年当中，我和保险公司的主要负责团队保持着主动、通畅、透明的沟通关系，即使是在产假期间，如果有突发事件，我也会半夜三更打三次越洋电话来解决问题，让他们体会到我的敬业和对事情的负责任。同时，我和主要业务负责团队也从单纯的业务合作关系变成了朋友。

第三，聚焦在“人”身上，建立深层次友谊。

从合作伙伴变成朋友的第一步就是利用一起吃饭的时间，聊和个人生活相关的问题。比如你在哪里读的书？你在海外的教育和环境，到了国企能适应吗？您小孩多大了？孩子对哪方面感兴趣？您老家哪里？吃饭喜欢什么口味？等等。一般个人生活的话题才是每个人真正关心的东西。当你在闲谈聊天中涉及个人话题，你对对方的了解就加深了一个层次。

当你把对方当作一个“人”，一个独立个体，有自己的兴趣爱好，家庭背景，喜悦和困扰的个体来认识，来了解，来欣赏，来学习的时候，这个人就不再是带着职位标签的合作伙伴了，而是可能成为你的朋友。

第四，为对方提供价值。

在了解的基础上，为对方提供价值是把合作伙伴变成朋友的重要一步。这种价值首先体现在做好我们的业务，帮助对方圆满完成工作任务，并且发展这个业务，帮助对方提高业绩。其次，深入到生活中，当合作伙伴遇到职场困扰的时候，我就给她提供一些意见和咨询。当听说对方生病，我一定第一时间送上问候，提供自己的医疗资源和人脉给对方。我给很多人的印象是既有大大咧咧的一面，又有温柔细腻的一面，能够体察朋友的情绪，关怀安慰。

第五，人脉的长期经营源于发自心底的善意。

朋友关系的核心在于长期经营，它绝对不是功利性的。很多人会觉得人脉搭建是丑陋的，在需要帮助的时候去搭建，不需要了，或者自己换了工作，就不会再和对方联系了。这种功利性的交往确实可以说是丑陋的，所以我主张的人脉搭建绝不是功利性的，而是从长期考虑，是利他的，是双赢的，是从心里发出的对人的善意。

我 2008 年就离开了那家消费品公司，和保险公司再也没有了直接的业务往来，但是，我还是会介绍潜在客户给他们，每年我回中国肯定会和这些老朋友们吃饭，每年春节都会一如既往地打电话拜年，如今在微信上也会常常互动，听到对方的好消息就会真诚地祝贺。即使有的人已经离开了保险公司，换了几个工作，在不同的城市或者国家，我也会一直保持和她们的联系，不丢掉一个朋友。

我深深感受到：每一次人脉搭建的实践，都是要一个人、一个人地交往，把这种关系做深入，做长久，建立真正的友谊，慢慢地你就会变成拥有高质量人脉资源的人。

如何在职场上友好地分手

我的好朋友慧最近在找工作。

上一份工作她做得不开心，直属老板能力不行，还整天指手画脚，让慧很不爽。因为一次会议，本来所有汇报是慧准备的，结果老板完全采用了她的东西，把功劳据为己有。慧一怒之下，在年底之前辞职了。

快过新年了，我问慧："你今年还给以前的老板和同事寄贺卡吗？"我记得去年慧跟我说，她给所有同事都寄了贺卡，在美国这边是很流行的做法。没想到她说："不寄，一个都不寄了。"我问："难道连你们大老板岚岚你也不寄了？"她不想深谈似的一摆手。岚岚是慧她们公司的大老板兼创始人，一直以来对慧关照有加，常常给她一些工作上的建议，以前慧一直把她看作女神和榜样的。

可是这次跟老板之间发生纠纷，慧没有直接跟岚岚汇报过，她猜想岚岚一定也有所耳闻，只不过不便于发话罢了，所以慧心里也有一些怨大老板没有挺她。看来，她心里已经不愿意和岚岚保持联系了，这倒是我没想到的。我还是忍不住再提醒她一句："你还是应该给岚岚寄张贺卡，或者发个邮件，感谢一下她对你的栽培吧？难道就这么走了，也不打个招呼？"她说："不用，没什么好说的。反正走了就是走了。"

新年新气象，刚过两周，慧的运气来了，一家不错的公司找到了她，比她原来的公司还要大，做的行业也是肥得流油的那种。经过几次面试下来，双方都挺满意。按照程序，该公司要对慧做背景调查了。

慧给了他们一些以前工作的同事和老板做背景参考人，可是这家公司的人事一定要慧提供她在刚刚离职的公司的背景参考人。肯定不能找自己的直接老板，本来慧觉得岚岚对自己青眼有加，应该找她做背景参考人，可是一想自己离开时都没跟岚岚打个招呼，圣诞节新年连张贺卡或者邮件都没有寄，这时就开始后悔没听我的话了。

没有办法，慧很喜欢这个新的工作机会，没有足够的有力的参考人，人家也不会招她，她只能硬着头皮给岚岚发了个求助的邮件。没想到岚岚真够意思，虽然在新加坡度假，还是及时地给慧提供了背景参考。慧心里是感激不尽，越发感到自己以前做得不好。

本以为一切顺理成章，这周应该拿到聘书了，可是不知怎么回事，这个公司在做完所有尽职调查过后，告诉慧："我们很感谢你对我们公司感兴趣，也很高兴在这个过程当中认识了你，不过十分抱歉，目前我们不打算招这个职位了。"慧立马懵圈了。

看起来唾手可得的机会，怎么让煮熟的鸭子给飞了呢？她又来找我咨询。

"你说会不会是我的背景调查出了问题？"

我帮她分析："你提供的几个前同事都是过硬的关系吗？"

"是呀！"

"你给了其他参考人以后，又去了趟公司面试第三轮吗？"

"是呀！他们还说起我的背景正合适他们呢。相谈甚欢，听起来就是要招我呀。"

"那会不会是岚岚的参考邮件给了你负面评语？"

"不会吧！如果她对我不满，不会那么痛快地答应呀？以岚岚女神的情商来说，也不会故意答应，然后给我差评呀！"

"那你只能认了，反正人家拒绝你，就是有什么方面不合适。你也别往心里去，他们可能对事不对人，可能招到了其他职位，可能一时半会这个职位又不需要人了。反而这种不合适的事，是给了你加入更合适的公司的机会呢！"

慧听我这么一说，也有点想通了，说："好的，我不理他们就是了，烂公司让它随风去吧！"

听她这么一说，真让我着急，"难道你不回封邮件表达你的谢意了？"

“谢什么谢？他们耽误我这么多时间，搞了三轮面试，最后把我拒了，我还谢他们？”慧说起来还是带着怒气。

我只能平心静气地劝说她，其实山不转水转，即使对方有做得不对的地方，我们自己也要保持自己的职业性（professionalism），收到邮件客客气气地回复一下，比如说：感谢您的时间，非常高兴在这个面试过程中认识到您和您的团队。如果将来有任何合作机会，我会再和您联系。简单几句话，不仅显出自己的职业性、分寸感，而且没有把自己的路堵死。因为我们根本不能预测将来是否还会在其他场合或其他机会上跟这个公司或这些经理人相遇。

在职场生涯中，慧的经历不是特例，我们每个人都有拒人（辞职 / 跳槽）或者被拒的机会，那么如何处理这些情况呢？是怒气冲冲？还是斩断联系？甚至恶语相向？

和亲密关系终止时相似，如何在职场上分手真的是考量一个人的气度、胸襟和智慧的重要时刻，也是人脉学中的重要一课。工作可以终止，但人和人的联系不能断。

我们在工作中积累的老板、同事、客户、猎头甚至面试官都是我们人脉网络的重要组成部分，他们不会随着一份工作的消失而消失。尤其在同一个行业中，大家都是抬头不见低头见，在行业会议中，在论坛、社区里，前同事们都是无所不在的。即使不在一个公司里，他们仍是你非常重要的人脉资源，可以是你的信息库、智囊、推荐人、背书人，或者导师。

你找新工作的时候，他们可能介绍自己的人脉给你，帮你牵线搭桥。你面试的时候，他们可以做你的背景调查参考人，不遗余力地给用人单位推荐你。你需要行业信息，他们又可以继续做你的信息收集人和知识分享人。当你遇到新的项目，说不定曾经没有给你工作机会的面试官，可以帮你介绍他公司里的其他人做你的潜在合作伙伴呢。

我在 20 年前的两个老板，虽然我和他们都已经转换了数家公司，但每逢感恩节，我都会给他们发邮件或短信，表达对他们的栽培的感谢，告诉他们我的近况，送去我的祝福和问候。极偶尔，我还会有向他们咨询或请求帮忙的事情，麻烦到他们，他们也总是热心帮忙。

如果你了解“六度分隔理论”（最多通过五个人，你一定能找到你要联系的目标人），相信你一定明白人脉的力量。随着我们岁数增大，表现资本（你工作表现的好坏）将没有年轻时对你那么重要，因为以你的年龄来说，好的表现资本本来就应该具备。这时候人脉资本对我们就变得越发重要起来。

你一生所有的经历，都应该是为你积累人脉资本做准备的。人脉，是一座一座桥梁，带你通往充满机会的彼岸。英文有一句话叫“Never burn bridges”，就是说不要烧断你的人脉桥梁。即使离职或者被拒，我们一样可以一种友好的方式结束工作关系，但是保存一份友谊。

全职主妇如何扩大社交半径

美国劳工部2016年的报告指出：在美国43%的妇女结婚以后选择做家庭主妇。在填写自己工作一栏的时候，她们往往写上“Home Maker”，也就是持家的人。

家庭主妇可不是只负责打扫卫生、做饭和带孩子，她们负责安排家里的吃穿用度，家庭的会计和出纳工作，花园的种植和管理，到孩子学校里做志愿者，到社会上做义工，等等。家庭主妇的任务和职责非常多，很多时候家庭主妇都感觉在家比上班累。我相信但凡在家带过孩子几天的职场妈妈和职场爸爸们，都深有体会。比如我老公在辞了职之后，本来打算休息半年的，结果看了三天孩子以后，就忙不迭地出去找工作上班了。

随着经济的发展，在中国，越来越多的男性可以赚到足够的钱养家，越来越多的家庭也响应多子女政策，大家逐渐意识到母亲在家照顾孩子对孩子成长的好处，所以辞职全职在家带孩子的妈妈也越来越多了。

平心而论，在日复一日的家庭工作中，母亲们每天都很忙碌，从保姆到司机，从厨师到心理辅导员，母亲的角色是全方位为家庭提供服务，但却很难有成就感。因为孩子不一定很听话，不一定在学校很争气，也不一定有什么特长。你在孩子身上投入的心血很可能没有任何短期回报。不像在职场上，你做得好，就有老板的表扬、客户的反馈或者奖金。

作为全职在家的妈妈，首先我们是一个人，一个女人，然后才是妻子和母亲的角色，所以不要心里只有家人而忘了自己。我们有了内心的成就感、精神的充盈感和自我价值实现的满足感，才能有幸福的感觉，我们幸福了，快乐了，才能更好地照顾好家人。当我们爱够自己了，爱才能漫溢出来，惠及他人。如何做好自己呢？

第一，不断地学习和充实自己。

我们的每一天都很忙碌，但是忙碌不是你懒惰的借口。找到一个你感兴趣的领域，不论是烹饪，还是园艺，不论是心理学还是管理，不论是精油还是外语，都可以在这个领域里系统地看书，学习。微信上碎片化的学习不一定是最有效的，每天可以设定一个小时，坐下来看看这一方面的书或者加入一个网上课程。有目标地学习，持之以恒，那么半年之内，你能学到的知识将是一个飞跃。有时太忙，那就听一些音频课程，利用碎片化时间也会有些收获。

第二，发展自己的兴趣爱好。

没有什么兴趣爱好是非要受年龄的限制的。我们小的时候可能没有机会和资源学习的东西，现在完全可以从零开始。

我从两年前开始学习油画，零基础，无天分，因为坚持，现在也有很多朋友跟我订画，并有人开始买我的画了。我从没想过要成为画家，但我是一个不给自己设限的人。

我的朋友颖也是四十多岁的高龄，去年和儿子们一起学滑冰，一口气学完六级基础课，终于体会到了在冰上自由翱翔的感觉。她说："活到老，学到老，人生才能过得有滋有味。"

第三，服务社会、服务他人。

作为全职妈妈，除了照顾好家庭，我们还可以为社会为他人出一份力。比如我进行公众号写作，给年轻人讲课，帮学校做面试，给校友以事业指导等等。我的一个好友参与一个基金会给贫困地区的学校发放书籍；另一个好友利用假期带着孩子一起去贫困地区教授当地英文老师英语课，都是非常棒的服务于社会和他人的善举。

第四，我要特别地强调一点，那就是搭建自己的人脉，不要减少对外交流。

谁规定全职主妇就一定只能待在家里呢？对于大多数选择全职照顾 3 岁前幼童的妈妈们，这个阶段的主要任务是照顾幼小的孩子，压力最大，社交半径最窄，也最容易有挫败感。怎么做才能从忙乱的育儿生活中透一口气，不斩断之前的工作联系呢？

我有一个朋友自从做了全职妈妈，她希望通过自己的学习和孩子一起成长。她从最开始的婴幼儿喂养学起，后来就开始研究各种儿童绘本，同时开始自学心理学的课程。她把自己的闺密和周围小区遛娃认识的妈妈们集中起来，搞了一个社团，租了小区的会所，召集妈妈们每周在一起学习和讨论，比如儿童绘本交流、幼儿心理和儿童教育讨论，财商和情商，有时还一起学习水彩画和写作，组织亲子 party，招呼大人孩子一起到她家吃饭。她不仅发展周边妈妈们为核心成员，还邀请她们轮流倡议和引导活动，展现出非凡的领导力。

注意，如果你的圈子仅限于妈妈群，那还是不够的。虽然你已经辞职在家了，但以前的同事、老板、客户，还可以继续交往呀！你还是能从他们身上了解职场的最新动向，有新的管理理论、好的书籍可以互相推荐，这样你才不会完全和社会脱节。如果你要问："人家还跟我有什么可聊的呢？我已经脱离那个环境了呀！"那你看问题就太狭隘了，很多人在一起不仅仅是因为工作关系，那些看得上你的人品的人，还是会想了解你的生活的。那么，在邀请老相识再次连接的时候，你要知道自己有什么价值。

作为全职主妇，你的主要价值会有哪些呢？育儿方面你可能已经是半个专家，孩子的兴趣班，教育心理学等等，你都能给全职上班的妈妈们一些贡献和建议。分享你近期学习的课程和阅读的书籍，都可能给他人以启发。你给家人烹制的美味食物，有没有简单味美的食谱可以让上班族在半个小时内搞定孩子的营养晚餐？你最近新开发的兴趣爱好，是否能跟其他职场上的人发生连接？等等。

积极参加社会活动不仅能充实你的生活，让你的内心更愉悦更充盈，还能扩大你的人脉圈。虽然孩子还小，但你也可以让家里老人偶尔帮你看一下，或者和其他妈妈们轮换看对方的孩子，利用好外部资源的协助，你就可以有点属于自己的时间了。

等孩子上了幼儿园，很多妈妈会考虑找一份轻松的工作，或是重返职场，这时又该怎么办呢？

在你刚刚辞职回家的前三年一定不要与世隔绝，不论是和老朋友叙旧，还是在新环境中结识新的朋友，在这个过程中，要不断思考如何为别人搭建人脉，给别人牵线搭桥，促成合力，使自己变成受人尊敬的某方面的“专家”或者是让大家认可的“连接人”。

孩子上了幼儿园以后，你会有一些整块儿的时间空出来，可以开始系统地学习一些课程。不要浪费每一次午餐的时间。你完全可以每周设置一两天专门和其他朋友一起吃饭，促进联系，互相学习，增进友谊。让大家知道你在寻找新的工作机会。特别是做全职主妇新结识的妈妈朋友们很可能具备和你完全不同的职业背景和人脉资本。请她们介绍一些可以帮你架桥的人脉给你，给你的转型提供了绝好的资源和条件。

所以说，作为全职主妇的你，照样应该找到自己的社交圈子，并使圈子多元化。不要忘记已有人脉的长期交往和持续管理。从积极帮助他人建立连接中扩大自己的交往圈子。如果你能把这些人脉搭建的工作融入主妇的生活当中，就可以为你将来重返职场铺好路，或者为你追求自己有激情的事业转型埋好伏笔，还能使你自己的生活更充实，不感到和社会脱节，甚至还能为孩子的社交能力的培养做个好的榜样。一石多鸟，何乐不为呢？

第五章

向上社交：跟比自己优秀的人做朋友

什么样的人最容易获得别人的帮助

相信你一定注意到，成功人士周围好像总是有贵人相助，幸福人士，也总是被有正能量的人包围着。

那么如何让我们自己成为这样的“幸运儿”呢？下面我要分享几个故事。

1

开篇我提到热爱厨艺的小林，我帮他找到了实习工作以后，他每天早十点到晚十点上班，有的时候连续5个小时都没有坐下来的机会，晚上回家，脚后跟疼得不得了，只能泡泡脚得以缓解。但是厨房的魅力又是那么地吸引着他。哪里人手少，他就主动去帮忙，短短几个星期，他学了冷盘，学了甜点，学了如何配料，如何熬汤。勤快、虚心、好学，使他很快得到了主厨和同事的认可，为了他能获得更多经验和得到有价值的推荐信，主厨又推荐他到一个著名大酒店的西餐厅去实习。

半年过去了，除了在餐厅实习，小林还狠补英语口语，在考试中取得了优异的成绩，终于收到了来自美国烹饪学校本部（纽约）的录取通知书。2018 年三月，他已经踏上做一名真正厨师的征途了，这条路一定既充满挑战、艰辛，又饱含激情，真心地祝福他。

为什么小林能够在追寻梦想的道路上获得别人的帮助呢？

是他的激情感染到我。当看到他在简历上写下“从我第一次给自己做饭，到我看到别人吃着我做的蛋糕时眼中露出的幸福模样，我知道我深深热爱着厨房，我爱着我攒了一年钱买下的第一把厨刀，我爱着厨房中桂皮和香叶的味道，我知道我要成为一名厨师。我知道成为一名厨师有多难，但我觉得，总要试试，我不怕受伤，也不怕吃苦，我爱着厨房，我为每一种食材感到激动，肉的纹理，水果的香气，我会的不多，可我什么都想学。”我和我的厨师朋友们都是因为感受到了小林对厨师职业的激情和执着，愿意托他一把，帮助他在这条充满艰辛的道路上勇敢进取，实现自己的梦想。

小林拿到录取通知书后，马上给我和他的厨师师傅们报喜，并表示希望能够继续得到老师的指导和引领。

人生中遇到贵人相助，不要在得到帮助后就失去了联系，邀请这些导师和贵人参与到你的成功当中，定期和他们保持联系，汇报你的进展，分享你的心得和困扰，在更高的平台上力所能及为这些贵人提供你的价值，这是长期维护人脉的重要一步。

2

我的朋友玛丽·巴克女士在47岁的时候因丈夫病重被迫担起养家的重任。她因为缺乏其他专业技能和工作经验，只能到富人家中去做保洁员。

她工作非常细致，对清洁的标准非常高，不仅亲力亲为，还严格培训了一个个员工，做到让每个客户都满意。

玛丽的一个教友朋友是一家大公司的CFO，他邀请玛丽到自己的公司免费参加各种内部培训课程，玛丽利用一年的时间去参加他们的各种管理培训，认真做笔记，认真听，把她学到的商务理念运用到清洁工作中。

她的一个客户是另外一家大企业的CEO。他对玛丽说："你应该去打扫企业大楼，只做家庭保洁限制了你的潜能。"玛丽说："可是我没有做过商业地产的清洁呀！"CEO说："我可以给你一个小楼，让你尝试，你可以以此积累经验，我们也能获得更好的清洁服务。"这样，玛丽顺利地把自己的家庭保洁业务转型为企业商业地产的清洁业务，营业收入扩大了上百倍。

为什么玛丽能在创业路上得到众多企业领袖的支持呢？天道酬勤，玛丽的谦卑和努力被所有的客户看在眼里，让人想要帮助她获得成功。

而玛丽对所有帮助过自己的人，总是会写感谢卡给对方。她总是会记住他们的生日，给他们送糖果。她总是保证让这些人知道自己的感恩之心。这个感恩的细节看起来如此简单，但却是人脉搭建的一条重要原则。

3

有个学生，虽然从未谋面，但给我留下了深刻印象。

她不仅在小组讨论中充满正能量，而且做作业非常认真，勤于思考，举一反三，并用自己的事例给组员以启发。作为小组长，她总是投入很多时间和精力调动组员，参加讨论和分享，督促大家做作业，把组长的职能发挥到最大。

我每次上完直播课，她还会给我私信留言，提供真诚的，充满思考的反馈。她的反馈，让我在未来的课程中可以及时调整教学方法，输出更加吸引人的内容。我对她用的这份心很是感激。

后来她在职业选择中遇到了一些瓶颈，希望能听听我的意见，我就帮她推荐了一些工作机会和可能对她有所帮助的人。

一个从没有见过面的人，上来就要求我给他提供帮助，如果是我力所能及的，我可以帮助他。但是如果要我介绍人脉给他，我就会有所保留。对这个人一点都不了解的情况下，把自己的社会资源、人脉资源和信誉资源跟陌生人分享，一定要慎重，因为如果你碰到不靠谱的人，这就是一个非常不明智的选择。有可能给自己的人脉带来不必要的麻烦，也害自己丢掉了信誉。

那么，为什么我会想帮助她做这个连接呢？

第一，她的言行让我感到真诚和温暖，从她课堂参与以及组织小组活动的过程中，可以看出她是一个靠谱的人。

第二，她和我有一些共同点，比如本科同一所母校，她在网上学习一些哈佛商学院的课程，跟我谈起我熟识的教授等等，让我感到和这个人有一定的连接感。

第三，是她积极为别人提供价值的行动感染了我。虽然我常常收到学生对我的教学的感激的反馈，但是每节课都认真、客观地提供建设性意见的反馈还是头一份。这个举动为我提供了很大的价值。

所以说，真诚温暖是敲门砖，为对方提供价值是人脉搭建的引路灯。

4

十年前，北京一所重点高中派一些高一高二的学生到明州来交换学习，我邀请三个女孩子在我家住了几天。这几个女孩子充满青春活力，其中一个是文学社的社长，立志拍电影，很有想法，她们在高中生中都是佼佼者。在这几天里和她们一起吃住，交谈，十分投机。作为过来人，我和她们分享了很多自己的人生故事。临走把我的邮箱留给了她们，方便将来联系。

等她们回去以后，只有那个文学社的社长写邮件给我，感谢对她们的招待，和给她的启发。以后逢年过节，她也都写邮件问候。我对这个女孩子刮目相看，一个高一的女生，能记得用邮件跟进，小小年纪已经天然具有了搭建人脉的技巧。

我自此和她保持着邮件往来，也关注着她的学习和生活。后来她高分考入北大，毕业后又被知名银行录用，美国的著名商学院也向她伸出橄榄枝，给她全额奖学金。我呢？这一路也会给她升学、找工作、选另一半提供意见，无论她在香港、纽约还是伦敦工作，我都会介绍当地的朋友给她认识，有意识地扩大她的人脉网络。前年还有幸主持了她的婚礼。

有这么一种人，他们的自身潜力非常大，他们本身就带着满满的正能量，吸引着人们想去接近他们，想帮助他们发挥最大的潜能。伯乐之于千里马恐怕就是这个道理。

从上面四个故事可以看出，有激情的人，勤奋的人，感恩的人，真诚的人，积极的人，为别人创造价值的人以及本身具有巨大潜力的人，都非常容易吸引到别人，容易得到贵人的帮助。所以说人脉搭建不要只注重“术”——方法，而更要注意“道”——做人的根本，这也是学习人脉搭建的核心。

我和马云之间隔了谁

我给一些女青年们上一堂关于人脉的课程。

一上来我就问这些十几岁的美国女孩子们："你们能联系到中国首富马云吗？"她们面面相觑，然后摇头。我告诉她们："信不信，其实只要通过五个人，你们就能联系到马云？"

我给她们讲了哈佛大学心理学教授斯坦利·米尔格拉姆于1967年进行的"小世界实验"。他让160个住在美国内布拉斯卡州的居民把邮包通过朋友或者熟人辗转寄给一个陌生人———位住在麻省的股票交易员。实验结果发现，通过2到10个中间人（中位数是5个人），邮包递送到最终目的地。这就是"六度分隔理论"的来历。

如果用数学公式来表示，假设我们每个人认识150个人，那么六度分隔就是150的6次方，也就是约11.4万亿人，即使消除重复的部分，也大大超出整个地球的人口。

六度分隔理论为什么对我们有一定的意义呢？因为它给了我们人脉搭建的信心，无论你想开辟一个新的事业领域，或者换一份工作，抑或是帮助孩子联系一个好的幼儿园，只要你有想联系的目标人脉，通过几层关系，就一定能找到 TA。

那么真的是通过任何 5 个人都能达到目标人吗？当然不是！这些在座的女青年们绕了一个圈也没有一个人认识马云。为什么我这么肯定地说她们经过 5 个人就能找到马云呢？因为她们认识我，我有个高中同学在阿里巴巴做副总裁，他一定能联系到马云。这中间只经过了两个人。所以说我们讲的六度分隔，不是随便任何中间人都能帮你达到目的，这些关键中间人一定是具有超级连接能力的人脉达人。

什么样的人可以称为人脉达人？

马尔科姆·格拉德威尔（Malcolm Gladwell）在他的《引爆点》（*The Tipping Point*）一书中提到三类人，即“连接人”、“专家”和“销售”。这三类人我们要特别注意：

第一类，我有一个朋友叫 Peggy，她是一个联结中美能源组织的非政府机构的主席。每次和她见面，她都会想到应该把我介绍给她认识的人。上次我和她喝茶，听说我在做金融顾问，她马上介绍她弟弟给我，说弟弟正在找融资。我说起自己在写公众号，对儿童教育的视角非常感兴趣，她马上拨通了一个做教育平台的创始人的电话，帮我们建立联系。

我们把这类人叫作“连接人”：这类人的共性是充满好奇心，非常自信，非常善于跟别人交往，充满活力。连接人像胶水一样，由他来把网络铺开。这些人会认识最多的人，很容易跟别人成为朋友。不会浪费任何一次与人交往的机会。他们会和三教九流都认识，因为他们对人真诚地感兴趣。

第二类人，我有一个朋友的先生是放射科大夫叫 Brian。他如果想买一辆车，就会把所有牌子各种类型的车研究得非常彻底。他具有特别多的信息，又愿意和别人分享。买其他东西也是如此，他会花大量时间收集情报，再做出分析和判断。

我们管他们这类人叫作“专家”，他们具备非常多的知识，比如酒店、餐厅，如何买车，如何省钱，等等，他们从把自己的研究结果和经验跟别人分享中获得乐趣。他们的角色是教育别人和帮助别人。他们既是老师，也是善于学习的学生。他们是信息的中转站，分享交换他们知道的信息。

第三类人，我的朋友 Greg，他本人是房地产经纪人，也曾做过电视购物频道的主持人。他特别能说会道，特别会讲故事。他要是想给你说个道理，就会讲一个特别让人感兴趣的故事，然后你就琢磨出这个道理了。

我们称他们为“销售”，能成功地劝说人们购买。他们会有很棒的说辞，但不是这些说辞感染人，而是他的能量，他的热情，他的魅力，他受喜欢的能力，他乐观的态度。他们有能力让听众和他们同步。从外到内感染情绪，有传染性。这种更有魅力的人对他人会产生影响，让对方受他的情绪的感染。

如何找到人脉达人？

如果你细心观察，仔细梳理，相信你的身边一定会有人脉达人。如果我们能找到这样的人做朋友，那我们的资源会一下子扩大很多。

在你的同学里面，同事里面，你不难发现谁是这样的人物，因为他们往往自己的事业做得蒸蒸日上，又总是会积极组织聚会，时不时给你打个电话，热衷于跟你分享信息，如果你问他什么问题，他都会积极回应你。

在生活中，你常见到的金融顾问，保险顾问，房地产经济人，猎头，公关，政客，餐馆老板，媒体人士，往往都是超级人脉达人。人脉达人各行各业都有，他们的共性包括：真诚，热情，谦虚，乐于为人服务，提供帮助，善于整合资源，沟通能力强。希望你能有这样的朋友，珍惜这些朋友，因为你很可能会用到他们的人脉，所以你要虚心向他们学习。

人脉达人为什么会帮助你呢？因为人都喜欢帮助几种人：有激情的人，勤奋的人，感恩的人，真诚的人，好学的人，积极的人，为别人创造价值的人，以及本身具有巨大潜力的人。具有一项或几项以上特质的人，都非常容易吸引到别人，容易得到贵人的帮助。

如何结交人脉达人？

我们知道人脉达人的人脉网络四通八达，很可能会在关键时刻帮到我们，那么如何结交人脉达人呢？我给大家举一个我认识餐饮界人脉达人的例子。

因为我非常爱好美食，多年前关注了董克平老师叫作“北京梧桐”的博客，在博客里针对他的一些食评和餐馆评价我常常给他留一些能引起他回复的留言，比如说他讲某种菜，我就给他写自己在哪里吃过一个很有特色的菜，或者他写餐馆，我就问他一些关于这个餐厅的问题，或者我自己的经历。这样一来二去，他对我有了印象。每次我回北京出差，都会到董老师推荐的一些餐馆吃饭，并且和主厨见面，就说是听董老师推荐来的。这些主厨都是人脉达人，对我非常友好客气。

一次董老师在博客里通知他会帮美食作家、诗人小宽在北京组织一个小宽新书《100元吃遍北京》的新书发布会，正好我在北京，于是就跑去参加这个发布会，跟董老师见面，真正把网名和人对上了号。同时见到了其他几个他常常提到的厨师，尤其是我去吃过饭的餐厅的厨师，还有《舌尖上的中国》的编导陈晓卿老师。我跟他们说自己特别爱好美食，住在美国，但是一到北京就遍访名菜。我去过海外很多米其林三星的餐厅，见过很多名厨。这样呢，这些厨师也都觉得我是同道中人。我发现美食是人和人建立连接最有效的途径之一。

后来董老师自己的图书发布活动，我也会飞过去捧场，不仅被他引荐给朋友，还被他邀请代表粉丝发言。

这是第一层的关系，通过董老师，这些餐饮界名厨们算认识我了，加了微信等等。除了在微信朋友圈里给他们点赞和分享他们的事迹或者介绍他们的餐厅以外，我每次回国去他们的餐厅吃饭，都会带个小礼物给他们。有时他们还托我帮忙从美国代购一些东西。我这个人一般不怕麻烦，人家交给我做的事情，我会很认真地去做。这样一来二往，就建立了更加私人的联系。

美食是联接人和人的重要途径，对食物的渴望和追求是人们对美好生活追求的重要表现。我曾经说过：如果要我把人分成两类的话，那么一类是热爱美食的人，一类是对吃喝完全无感的人。热爱美食的人对食物津津乐道，对菜品有自己的口味，对餐厅有不同的要求。当你见到热爱美食的人，跟他们分享你喜爱的餐厅和喜爱的菜品，就能赢得他们的欢心，拉近距离感。跟他们一起吃饭聊天你会发现热爱美食的人一般也更有趣。

好的厨师不仅掌握着食客的舌头和胃，一般还会和食客保持良好的朋友关系。到法国或者美国的米其林三星餐厅里用餐，在用餐当中，主厨一定会出来跟客人问好，在日本的米其林三星餐厅里，主厨还会亲自把客人送出门，鞠躬目送客人。这表示出厨师对食客的尊重和感恩。

在中国的餐厅里，如果你是常客，厨师们也喜欢和食客交朋友。他们会非常殷勤地叫你“姐”或者“哥”，送你几个小菜，提前帮你预订好位置，给你安排好让你倍儿有面子又不太破费的请客菜单。这样的厨师，没有和常客成为朋友才怪。所以说好的厨师都是人脉达人，他们交往的人可能是商界政界要人，也可能是三教九流，但都是热爱美食的人。我很容易跟这样的人找到共同点，成为朋友。

从这个故事可以看出，跟任何人脉达人或者贵人建立联系，都要注意我们一直说的几点：所有的关系都集中在“人”上；寻找你和 TA 可以连接的共同点；真诚温暖是敲门砖；提供价值是引路灯。

如何变成人脉达人?

我们的努力方向是不仅要认识人脉达人，更要使自己成为人脉达人，让自己成为对别人有价值的人，变成别人人脉关系中不可或缺的一部分。这要求我们要学会帮助别人建立联系，牵线搭桥。不要吝啬自己的人脉，觉得要保留这个资源，好像介绍给别人会损害自己似的。其实人脉是越分享越广的。我们希望为别人创造价值，所以我们会给别人介绍自己的人脉，希望这个介绍能给被介绍的双方带来好处。

如果我们自觉地培养自己的这种能力，在和别人接触的时候，首先想到的是如何为对方创造价值，如何把陌生人，变成伙伴，变成朋友。慢慢地这种生活方式就形成了习惯。

1. 一个好的人脉关系，是从关心帮助别人开始的。

我在明州的一个好朋友的女儿怀孕了，真心为她高兴，看到挺着大肚子的她，我就问："你有没有准备做一个 Baby Shower？（就是为孕妇而开的 Party，朋友们聚在一起，给孕妇送一些初生婴儿的礼物）如果没有的话，我来给你筹划个活动吧！"她听了很高兴，她妈妈也为我能拿出自己的家做场地而表示感激。

每个人都有自己的价值，好的人脉搭建者都是会自然而然地为别人服务，为别人着想。

大家仔细想想自己有什么亮点和优势，希望在你梳理好自己的专长后，能够在和别人接触和交往的过程中，主动地提供自己的价值。即使是年纪轻、级别低、资历浅或者自认为没有资源的朋友，也可以帮别人。

有位男士说：我好像没什么价值哟。我就问他有什么兴趣爱好，他说自己爱跑马拉松。我说："其实现在跑马拉松是非常时髦的一项运动。我认识的很多金融投资大咖，都在跑。光是你这个兴趣，就可以跟很多人建立起连接。"他说："是呀，我可以把我跑马拉松的心得写出来，和跑步要注意的一些东西写出来，和大家分享。"结果他的文章受到了很多朋友的欢迎。

还有一位学生，我看她发言时常常提醒大家注意网络安全，因为自己公司有这方面的教训和培训，所以我说你把自己在这一方面学到的讲成故事，就是很棒的价值分享呀。

记住，你可以做连接人（见到别人就想一下能把谁和谁介绍认识一下），可以做信息专家（不管你喜欢什么，多看书，多收集信息，变成这个领域的"百度"），或是成为用热情感染别人的销售。你最感兴趣的事，你的热情所在，都可以为别人提供价值。人在从事自己喜欢的和擅长的事情时是最有魅力的。所以集中精力在你的优势上面，做你热爱的事业，你自身强了，你的价值就更大。

2. 给予和索取应该是一个平衡关系。

有些人在搭建人脉上有一个误区：我不想麻烦别人，慢慢地缩在自己的小圈子里，就不多交往了。其实如果你主动请求别人帮你一些小忙，反而有助于信任的养成和关系的深入。

前面我特意强调过：别怕给别人添麻烦，求助于别人是给他人助人的机会，越多的服务，越爱对方，感情会增进。

我给大家举一个我们哈佛商学院返校聚会的例子。

每五年一次的返校活动我自荐当了志愿者。我们年级将近900人，只有十几个志愿者。志愿者负责安排返校三天的各种大小活动的事宜，大到选择全年级聚餐的地址，餐饮和节目安排，小到给大家挑选返校纪念品的杯子样式。我负责招呼同学返校，安排班里的晚餐，还有选择纪念品等活动。

学校对外关系部的Beth负责我们这届的返校活动。我因为不在波士顿，就发邮件给Beth，求她帮我到餐厅踩踩点，看看餐厅环境如何，是否有好的景致。她欣然帮忙，并把我的所有要求包括签合同付款等都包了。我很感激她，就说聚会后请她吃午餐。

在午餐当中，我介绍了一下最近自己在写作，在中国的微信平台上发表各种文章，这次来聚会希望采访老校友。希望 Beth 能帮我引荐一些重要的校友，能让我写些采访，能影响到中国的青年人。午餐以后，她马上帮我联系到玛丽女士，她是哈佛商学院第三届女毕业生之一。我听到她正好在法国，我就说我也马上到巴黎，是否可以和她一起午餐，采访她一下。这就促成我结识了玛丽·法尔维女士，并写了《我不愿做月亮，反射丈夫的光芒》这篇文章。

如果我只是做志愿者，和 Beth 常规开会，可能不会建立更深的友谊和关系。但是因为我请求 Beth 帮忙，而后开启了更强的人脉连接。

3. 真正注意到他人，精力放到人的身上。

一天，艾科（化名）在群里说与一个沉默寡言的下属很难沟通的问题。后来当艾科注意到这个员工桌上有一本毕淑敏的书，她就说："哎，我也看过这本书。我觉得这是一本有温度的书。"然后下属说她很喜欢毕淑敏的文章。艾科猜她是不是遇到不顺心的事情，引导以后，发现果然如此。小姑娘在深圳举目无亲，孤单，不善交流。

于是艾科就故意买了两张电影票，说自己临时有事，让小姑娘和另外一个年龄相仿的同事一起去了，第二天早晨就看到两个人有滋有味地在讨论电影情节，好像变成了朋友一样，对艾科而言，作为一个领导能够真正地关注别人，真是一个好的开始。

所以，如果你想增强和老板、客户或者同事的关系，就要注意她办公室的墙上是什么锦旗，有什么奖牌、勋章，桌上放着谁的照片，有什么样的植物或者毛绒玩具等等。当你能让人谈论他们热爱的事情和东西，信任就开始建立了。

举个例子。一个销售人员给客户公司的 CEO 打电话，CEO 说我现在在去度假的路上，能否两周后再联系。三周后这个销售人员再给 CEO 打电话，问她度假怎么样？ CEO 说：你的很多竞争对手都给我打过电话了，可是没有其他人询问这个问题，我能感觉出 you care about me（你真的在乎我），所以生意是你的。

人和人之间的关系说起来复杂，可其实也很简单。将心比心，能真正注意到对方，就能和对方建立更好的关系。因为我们每个人的骨子里都渴望得到别人的重视和认可。你流露出来的对他人的关心和关注，就是引领你变成人脉达人的通关卡。

4. 要做人脉达人，就要丰富自己的资源。

丰富资源可以从主动帮助别人建立连接开始。

我看到一个学生在汽车行业工作，正好我有一个大学好友也在这个行业甚至这家公司相关部门做高层，我就把她介绍给了自己的好友，让我的好友可以成为她事业上很好的导师。

最近高中老师的小孩在美国找工作，我想起几个在华尔街搞金融的和在芝加哥搞银行风险分析的同学，于是介绍了几个朋友给他，让他看看是不是有面试机会。

一个商学院的师姐在做高端特色海外旅游，我很欣赏她提供的服务，于是想起另外一个同学在意大利专门组织客人体验独特的当地美食，品尝美酒、奶酪、橄榄油，学习做意大利菜，安排其他活动，于是我把她们两个介绍到一起。

我家孩子的保姆大哥哥在中国做交换学生，希望能找个实习的工作，继续中文深造，并且进入生物技术的基金行业，正好我商学院的同学有这样一个基金，我把他介绍给我同学，他很珍惜这样的实习机会，我同学也觉得这个小伙子很能干。

几乎每周都有这样的事例，这样的机会，把我认识的人介绍给别人。建立和维护人脉确实要花时间，花心思，但绝不是枯燥无聊的。这是一个不断发现自己的过程，也是一个不断帮助别人的过程。作为连接人们的纽带，我从中获得了更多的人脉，也衷心地为自己能给别人创造价值而感到喜悦。

要做人脉达人，就是要让自己的人脉运转起来，你越帮别人搭建人脉，你自己就越可以跟他建立更深厚的关系。

很多朋友都纠结如何把弱连接关系增强，当你麻烦一下弱连接的人，或者帮助和你有弱连接的人们建立起联系，就可以把弱连接转化成强连接，更加丰富自己的人脉资源，那么你在别人的眼中就成为人脉达人了。

回到开头的话题，我和马云之间隔了谁？或者放开来说，你和这世界上的任何人之间隔了谁？

理论上讲人和人之间只隔了那么几层关系，只隔了几个人脉达人，你就可以经过六度分隔找到任何人。但是实际上能否和马云这种层次的“大人物”联系上，要取决于你是否有可以和他建立连接的点，或者是否能带给他的价值，也要取决于你自己的人脉网的层次，还取决于这中间的人脉达人是否有动力和意愿帮你建立这样的联系。

接下来，我会专门给出向上社交，结识贵人的诀窍。

结识大咖的诀窍

当你参加一个年度论坛，发现一个业界大咖应邀出席做核心发言，你是否觉得跟他的差距太大，而没有勇气上前介绍你自己？等到会议结束，你忙不迭地加入人群排队和他合影，你是否会唐突地跟他要名片？结果他说不好意思都发完了或者没有带，又或者他给你一张没有手机号码的名片？

如何向上社交是一个大家都非常感兴趣的话题，很多朋友问：“我很害羞，很担心，怎么向上交往呢？我觉得自己完全不知道如何和他们建立连接。”

首先让我们来分析一下是什么阻碍了我们向上社交。

第一，没有机会。

我们跟业界大咖或重要人物的生活完全没有交集，交往的圈子相差太远，根本就是太阳和地球的关系，我们能感受到 TA 的光，却根本没法接近。

第二，没有自信。

即使因为一些会议等场合，偶尔和大咖相遇，也没有自信去和对方打招呼，更不用说想办法结识 TA 们了。

第三，不能建立有意义的连接。

你鼓起勇气，挤到大咖身边，握手合影，甚至拿到了名片，接下来就不知道自己还能做什么，没有办法建立一个有意义的连接，不能把 TA 变成自己真正的人脉。

要想成功地向上社交，结识贵人，我们要把这几个问题解决才行。怎么做呢？

哈佛商学院的学妹赵路云给我讲了一个她结识吴晓波老师的故事。

“我跟吴晓波老师是在春晖博爱的一个慈善公益基金会上结识的。当时有一个竞拍内容是花两万块钱跟吴晓波老师共进晚餐。

“虽然其实我也不认识吴晓波老师，但我觉得一方面吴晓波老师愿意来做这样一个慈善活动非常有意义，我也愿意参与。另外一方面我觉得选择这样一个拍品可以跟吴晓波老师有一个深度接触，所以我当时毫不犹豫地拿下了这个拍品。一方面在晚餐中吴晓波老师跟我有一个深度的接触和交流，我们加了微信，从此可以建立一个联系。另外，吴晓波老师本身也是一个人脉达人，他在那次晚餐上邀请了其他的朋友一起参加，所以其实借助人脉我们有机会去结识到更多优秀的人。

“我跟吴晓波老师结缘的过程中，我觉得有几点心得：第一，双方尽量加一下微信，这样以后可以有一个直接的联系，而不需要再通过别人。第二，尽量有机会能够拍一张照片，这样以后再联系的时候就不至于想不起对方来。第三，在会面以后要发微信给对方跟进，发一下合影还有写几句你和他接触的感受和感谢指教的话语，这样能给对方留下更深的印象。

“我在喜马拉雅开了一个《哈佛学霸赵路云教你财富管理与传承》的课程，因为我的财富话题有一块是享受财富跟慈善公益，我想到吴老师跟我都在参与慈善事业，所以我想通过‘慈善是如何创造快乐’的点去跟吴老师对接，看看他能不能从这个角度来推荐。

“当然我并没有一开始就直接去请吴老师，我请了其他的一些大咖，希望能够在得到这些人认可的情况下，再请吴老师。我先去找了我在哈佛商学院读书时的第一个华人金融教授金李老师，因为他有很强的学术专业背景，同时也在国内做财富管理传承的工作。我跟他讨论到我们未来可以去做一些事业，他非常支持，有了这样一个老师的支持以后，我再去找我以前的老板，还有我的一些朋友，最后再找吴晓波老师的时候，就会有一个比较好的基础。因为这些大咖共同的支持，吴晓波老师就参与了进来。

“当我们去搭建这个平台已经找到一些优质人脉的时候，我们也要记得把这些机会分享给其他的一些人，比如推荐我去做喜马拉雅课程的一个机构的年轻创始人，我也邀请他一起加入到这个推荐大咖的队列中去。彼此成就是指我们在成就自己的时候也去感谢那些帮助过我们的人，让他们有一起成就的机会。所以我觉得在我们向上构建人脉的时候也要同时帮助更多的人，让他们可以一起成长。”

牛津商学院毕业的峰跟我分享了他向上社交与英国知名大律师，女王的好朋友 Jane 相识相知的故事。

峰在一次合同谈判中，有一两个条款双方争执不下，展开了拉锯。午餐时间到了，他的旁边正好坐着对方的律师 Jane 女士，两个人简单地聊起来。聊起了峰最喜欢高尔夫球运动，原来 Jane 女士也是个高球迷。两个人聊天的气氛非常融洽，下午的谈判气氛也变了，慢慢谈出了双方都满意的结果。

晚上两个团队出去吃饭庆祝，峰和 Jane 女士细聊以后发现真的很巧，他们两个都去过世界上很多不同的球场打球。有了这个相同的爱好，相约一起打了几场球，他们就成了非常好的朋友。

一次 Jane 女士到中国来出差，告诉峰她转机的时候希望和峰利用几个小时的时间见个面聚 下。可是那天峰实在太忙了，没办法去机场接 Jane。于是峰就托朋友买了一大束鲜花，到机场接她，并转达峰没法亲自来接机的遗憾。

后来把 Jane 接到约好的餐厅，峰悄悄地邀请了几个很久没有见的共同好友，大家聊得特别的开心。当 Jane 离开的时候，正好北方赶上变天，峰就送给 Jane 一件羊绒披风。Jane 回到英国以后，给峰写了非常长的邮件，感谢峰在中国的无微不至的照顾。

后来峰被牛津大学商学院录取，他才从自己的导师那里听说，原来Jane给峰写了封非常棒的推荐信，在申请当中起了重要作用。

所以说峰和 Jane 从共同爱好上相识相交，又因为他的真诚，对他人真心地关心和提供帮助，做到了无心插柳的向上交往。

看了这两个真人真事，不知大家是不是可以总结出向上交往的几个重要原则。

第一，自信心帮助你提升气场，让你敢于向上交往。

向上社交，我们首先要有自信。你要知道，那些所谓的大咖首先都是人，只不过他们可能比我们更努力，更有资源，或者更幸运地碰到了合适的机会，才有了今天的成就。他们在某一方面比我们做得更好，但是他们和我们一样也是有优点，有缺点，有激情，有烦恼，有家人，有隐私的人。所以在心理上你不要觉得自己矮人一头，而不敢去交往。因为我们每个人都有别人不具备的优势，不要妄自菲薄。

有一张图，图里一只猫站在一摊水前面，它在水里看到的自己的影像是一只老虎。

你要回答一个问题，就是我是谁？这张图，我是在哈佛商学院上学第一周见到的。老师问：“你们有多少人认为自己是被错误地录取了？”结果有 1/5 的人居然举起了手。老师说：“你们可能觉得自己比起其他同学不够优秀，其实大家可以看看这张图，作为哈佛商学院的成员，你完全不用这样想。即使是猫，也可以拥有自信，觉得自己像老虎一样威风。我希望你们都具有这样的信心。”

解决了这个心理问题，在装束上也要做到干练得体，俗话说：人靠衣裳马靠鞍，一看长相二看穿。精干优雅的着装可能帮助到你。把头发打理清爽，挺胸抬头，谈话时看着对方的眼睛，语气带着热情，这些都能增强你的自信，让对方可以平视你。

我认识的赵路云学妹在出席公众场合时一定会穿颜色鲜艳的套装，红色，绿色，黄色，黑白配等等，在来宾当中，她一定非常的显眼。合体的套装也使她看起来格外的精神，气场十足。

第二，做好充分准备，找到可以连接的点。

向上交往，你需要做好充分的准备。从一切可能的渠道了解对方，包括他的出生地、籍贯、职业背景，教育背景，公司情况，家庭情况，业余爱好，服务的公益机构等等。做这个研究的目的是帮你找到和对方的共同点，比如你们是校友，同乡，兴趣爱好一致（比如峰的高尔夫球），都对公益事业感兴趣（比如路云和吴晓波老师结缘的例子），有共同的朋友等等，共同点是人和人有效连接的第一步，让对方感觉你是“自己人”。

如果有共同的朋友，经过中间人推荐认识是捷径，由于中间人的背书，对方会对你多一重信任。记得“六度分隔理论”吗？隔几层关系多半能找到这个中间人。

让对方能注意到你。去参加会议的时候尽量坐在最前排，提前对嘉宾和话题做好调查和研究，精心准备几个好的问题，在提问回答环节举手问有启发性的问题，或者能够引导嘉宾更多地阐述自己的观点，这样嘉宾对你会有印象。会议结束马上上前去介绍自己，告知嘉宾他的回答给你印象深刻，对你帮助很大。表示你平时读过他的书或者了解他的一些观点，如果能引用一两句最好。假如你有给对方的好的建议，也可以提出来。如果你的谈话能够引起对方兴趣，可以合影留念加微信或者留电话（像路云的例子），甚至大胆地约下次的专门拜访。

向上社交不仅共同点重要，找到对方的关注点同样重要。

一次我代表客户参加国家部委和美国能源署的会议。一位主要的部委领导在会上做了重要发言。会议间歇，我走向这位领导，做了自我介绍。我告诉他自己代表一家美国企业，有一项非常好的煤化工技术，苦于自己是中小型企业，在中国不容易找到好的合作伙伴来一起推动这项技术。我知道这位领导本身的业务知识和背景相当深厚，果然他对我说的新技术很有兴趣。然后我请求他是否可以再专门拜访他，给他详细讲解我们的技术，求得他的引荐，他很高兴地把秘书拉过来，让秘书帮我们安排时间单独会面。这次的接触可以看出，任何大人物，你只要能找到他的关注点，提供一个有意义的连接话题，甚至寻求他的帮助，都是非常可能达成的。

在你去拜访或者约见大咖的时候，可以带一个小礼品。这个礼物不一定贵重，避免给他人引出廉政的烦恼，但要有心意。你对 TA 的背景调查这时候会有一定的帮助。比如说他喜欢艺术，可以送一个世界著名博物馆的画册；她喜欢历史，你可以送一本好的历史传记；如果是女性，爱马仕的丝巾总不会错。

第三，真诚地为对方提供价值。

大人物们要比普通人忙很多，TA 为什么要花时间认识你，和你交往呢？你一定要能为对方提供价值。

为什么影星和歌星有影迷、歌迷会呢？因为 TA 们需要粉丝，粉丝对于 TA 们的受欢迎程度、口碑、曝光率，甚至个人品牌、市场价值都非常重要。如果你不想只做万千粉丝中一个普通迷妹，而真想和明星近距离接触的话，就得自己牵头组织粉丝团，为明星们建网站，尽心尽力组织大规模活动等等。这就是你给明星的价值，TA 就可以认识你。

在哈佛我学到了如果要拓展人脉，主动做活动或者会议的志愿者、组织者是一个向上社交的非常有效的手段。比如在会议上、论坛上主动向主办方申请做志愿者、组织者和演讲者，根据你个人的条件和能力来贡献自己的力量。因为这样的角色给我们很大的主动性，主动地去联系别人，向别人发出邀请，伸出手，就能收获更多的朋友。组织者和志愿者的身份使向上社交更加便利。

我们可以通过创造服务的机会和做志愿者的机会来结识贵人，比如我住在美国或是中国香港都会申请做当地哈佛商学院校友会的志愿者。作为志愿者，我们要组织和参与各种活动，要去邀请商界要人来参加活动或给予指导。自己亲自去邀请嘉宾和协助嘉宾参与活动本身就可以给你一个认识嘉宾和与 TA 近距离接触的机会。通过你的奉献和服务，让贵人有了接触你、了解你的机会。

路云通过拍卖获得和吴晓波老师的晚餐也是特别棒的机会。我们在哈佛商学院时每年都有与名人共进午餐的拍卖，往往是一票难求。但是当你投资于这种机会，就要做好充分的准备，能够为对方提供价值，才能把名人真正变成自己的人脉。

峰的故事教给我们，真诚地关心他人和帮助他人是向上社交的一个诀窍。因为大人物也是人，也会有生活和工作中的各种需要，你能够真心地关注到 TA 们，为 TA 们提供了针对其需要的帮助，就能够和对方建立起更深厚的关系。

为他人提供价值还可以表现在邀请他人参与到更高的平台，为他人提供有价值的人脉上。在这方面，路云先邀请自己熟悉的行业精英变成推荐大咖，然后再邀请吴晓波老师参与，最后还把对自己有所帮助的年轻创业者邀请进来。众人拾柴火焰高，你自己的价值越大，就越能够把各路高人凝聚在一起，搭建一个更好的平台，分享自己有价值的人脉给他人，也是向上社交中大人物们所看中的。

第四，阶梯形社交。

向上社交，如果不是机缘巧合，很难一步登天，阶梯形社交往往更有效。先联系比你高出一层的人，再通过她联系和接触比她高一层的人。前提一定是你的为人处事获得了比你高一层的人的认可，你寻求帮助的渴望是她认同的需要，她才可能帮你做引荐。

找到能和关键人物说上话的人，或者联系广泛的人脉达人，给对方留下好的印象，你才能通过他们获得更高层的人脉。

在企业中也是一样，如果你是新入职的菜鸟，想找公司的大老板做导师几乎是不可能的，那么先做好工作，成为自己领导的得力助手，你的直属上司在合适的机会就有可能自豪地推荐你这个优秀员工给更高级别的老板认识。

一定记住，阶梯形社交要关注好每一节助你向上的台阶。不要过河拆桥，或者忘记饮水思源，让帮助过你成长的人继续参与到你的成功当中来。好比路云在找到众多大咖推荐之后，不忘邀请最初推荐她给喜马拉雅的机构创始人参与进来一样。

第五，面对挫折不要气馁，坚持不懈才有机会。

向上社交，要求大家脸皮厚一些，不要因为被大咖拒绝而气馁。

有人曾问我："一次会议上面，见到一个大咖，我很想和她建立微信联系，她直接拒绝了我，说我不用微信。我还应该再去交往吗？"

我回答她："要搞清楚你在提出加微信这个要求之前到底和她谈了什么。如果你没有给她任何可以和你连接的共同点，你也没有给她提供任何价值，她多半是不愿意跟你交往的。"

毕竟大咖非常忙碌，微信联系人的上限已满，没办法随便加不相干的人，而且这种加微信也没有任何意义。所以我们要放低自己的心理预期。如果每 10 个你见过面的大咖中有一个愿意和你交往，已经非常成功了。你一定是在找连接点或者提供价值方面做对了某件事。

那么这些大咖为什么会同意和你连接呢？无外乎下面几个原因：

1. 你有吸引 TA 的地方，你自身的特点，优势，激情，有时甚至就是合眼缘或者被你的谈吐所吸引。

2. 你有价值，你能给大咖带来 TA 们需要的东西：有可能是一个商业机会，有可能是一个人脉，有可能是帮助他们了解一些知识，或者解决一些问题，大咖也好，普通人也罢，都有需要求人帮忙的时候。

3. 你给 TA 创造了指导别人或者帮助别人的机会，给 TA 带来内心的快乐和满足感。

4. 大咖和你有很缘分，有共同的连接点，好像峰的高尔夫爱好，或者有共同的朋友，TA 因为看重这个中间人而对你另眼相待。

有一次我有一个项目需要找某地开发区的领导，我碰巧通过一个同学找到了他的电话。这个同学的先生以前是这个领导的下属，但早已离开，不太方便直接介绍我们认识。

我用短信和他联系看是否可以到领导办公室见一面，我好介绍一下自己的公司的项目。他短信回复说时间不一定，看情况再说。我还是飞到了当地，第二天一大早给他打电话，他却再也不接电话了，短信也不回。

这样无功而返，白折腾一趟，真是不甘心。于是我就到当地一个著名的大湖去转转，一边转，一边继续发短信给他，诚恳地说：“XX 书记，您好，我已经到了贵市，随时可以到开发区来拜访您。我只需要占用您 20 分钟的时间，把我们的技术和项目能力跟您做简要介绍，真诚地希望能见到您。”估计是看我实在是太执着和诚恳，他说：“你现在来吧，我一小时后还有一个会。”

我兴冲冲地跑到开发区，终于和领导见到了面。在这个短暂的见面中，除了介绍了我们公司的技术实力，我特别问了问领导在开发区的工作，看看我在美国能有什么可以帮忙的，他说希望我在美国能帮他们招商引资。我承诺一定好好研究他们的资料并推介给美国企业。

为了能和领导建立进一步联系，我告诉他我有一个大学同学，正好在他们市做领导，问他是否熟悉。他一听马上说认识。我说那太好了，下次我约上我同学咱们一起搞个家庭聚餐。领导听了很高兴，欣然答应了。

千辛万苦换来的见面，因为我提供了连接点和可能的价值，经过几次接触，我和领导成了朋友，如果没有当初的坚持，这一切都不会发生。

向上社交，是人脉搭建非常重要的一部分，因为只有向上，你的人脉圈子才可能升级；你本身的价值，随着人脉圈子的升级，也会升值，这样你就更容易搭建更多的人脉。这是一个良性的循环上升的过程。所以我们要学会向上社交的方法，克服害羞和恐惧，积极地与比自己更优秀的人建立有意义的连接，把贵人变成你真正的人脉和朋友。

四个实用技巧

说到在向上社交时克服害羞和恐惧，除了前面讲过的提高自我认知，拥有成长型心态等心理准备以外，我再教你一些实用的方法和话术，帮你武装好自己，在实操中游刃有余。

第一，事前做好充分的准备

- **了解活动的场合，主要议题，出席人员的基本情况**

在出席社交活动之前，你可能比在社交活动当中更加忙碌，因为你需要做好充分的准备。好的准备是成功的一半。你需要对出席活动的场合有所了解，甚至可以去提前踩点，看看社交地点是在酒店的宴会厅，还是会议中心，还是宾馆大堂，或是餐厅。如果是大型会议和鸡尾酒会，自己应该从什么地方进入，按什么样的路线走动。如果是私人会面，选择什么样的酒店大堂，什么样的餐厅包间都是需要提前了解的。

活动的议题是什么，你对这个议题有什么了解，有没有相关知识和自己的见解。这部分需要你平时的学习和积累。从查阅专业周刊，到和业内人士的每一次交谈，都是你学习和积累的最佳途径。有的时候从甲听来的信息，你讲述给乙，就可以提供一次有意义的信息交换。比如有一次我和一个画家朋友聊他对印象派艺术家的看法，他对梵高的评价让我有了一个新的认识。后来我和其他艺术家见面的时候，我就引用这个朋友的话，问其他艺术家是否同意朋友的看法，虽然这并不是我自己的看法，但却为对话提供了谈资。

出席会议或者活动的主要人员有哪些？如果你特别想认识一个人，要提前做好功课。现在互联网这么发达，关于一个人的信息很容易找到，他在哪里工作过，哪里上过学，在哪个董事会服务，业余参加什么活动，有什么爱好等等。从这些信息中，看看哪些跟你有共同点，或者你对跟他相关的领域有哪些了解。知己知彼才能出场。

- **自信心的准备，提前练习高能量姿势**

你可能会问，我总是缺乏自信怎么办？总觉得低人一等，不敢去向上社交怎么办？我要教你高能量姿势（Power Pose）。具体做法是：如果你是站立的，可以双腿分开与肩同宽，双手叉腰，挺胸抬头；或者双臂用力向上伸展，好像体育比赛的获胜者一样。如果你坐在椅子上，可以身体后倾，双手交叉抱在脑后，把腿高高翘起，甚至可以翘到桌子上，或者让身体尽量舒展地坐在椅子上，把手臂向外伸展，搭在旁边的椅子上。如果你站在桌前，可以五指打开，两手手掌撑在桌面，手臂伸直，抬头挺胸，目光平视。

哈佛的社会心理学家艾米·卡迪（Amy Cuddy）经过研究表明，只要持续两分钟做出上面的高能量姿势，就会让我们体内的睾丸素水平提升，皮质醇水平降低，从而让人更舒适，也更加自信和坚定。

在帮助我们克服害羞或紧张的情绪方面，这个方法很管用。建议你在出席社交场合之前，在自己家里或者没有人的场所，练习这几个姿势，只要两分钟，就会改变你的自信程度。平时多多练习，一定会越来越自信。

• 准备好一个自我介绍

无论是在宴会上和别人第一次见面，还是参加一个企业招聘的面试，我们都有可能被问到，让我们介绍自己。怎么回答这个问题呢？请大家记住两条：1. 别人对你给出的答案不一定关心，但是更关心你回答问题时表现出来的自信，你的热情，你的能量，你的气场。2. 回答这个问题的速度是关键，如果你迟疑，拿不准，停顿许久，或者说不出整话，都表现出你自我认知和自信心的缺乏。

准备好一个 30 秒钟的自我介绍，看看是否能够马上抓住对方的注意力。下次你听到别人问这个问题的时候，不妨试试以下这些建议：

1.“我可以用几个词来总结自己……”非常简洁，很抓人

2.“我最喜欢的一句话是……”这种开场可以引出你人生最重要的理念，能让人看出你是自我激励型的。

3.“了解我的人都会说我是……人们常常称赞我……”这种答案可以告诉别人你对自身的认识还有就是对别人反馈是开放的态度。

4.“我热爱的是……”没有什么比了解你热衷的事情更能了解你这个人的。

5.“自打我八岁的时候，我就一直想……”这样很能引起别人的兴趣。

6.“如果把我的人生拍一部电影的话，那么这个片子应该叫……”这个开场很有意思吧？相信很难有人会忘掉你。

7.“与其说给你听，不如我给你展示一下……”下面拿出你藏在包里的东西，这个东西代表了你这个人，也是一个难忘的答案。

到底如何介绍我自己，才能给对方留下深刻印象呢？

有几个点我想说一下，介绍的目的是什么，是让人记住你，是让人有和你继续交往的动力。

1. 内容要重点突出：我想知道让你真正有热情的东西是什么，你的价值在哪里？对方或者能跟你找到共同点，或者能在你身上看到价值，从而产生连接需求。只需要知道 2 至 3 点，甚至一点，让人记得住你就可以。比如我介绍自己对写作的热爱，我就会说，我觉得自己即使没有了学历、家庭、工作等一切周围的东西，但

写作的能力是不会离开我的，它是作为我的一个本质的东西，谁也拿不走。

2. 你的亮点可以让人记得住；你和她有共同点可以让人记得住；你的名字可以让人记得住；你的性格可能让人记得住；你的气质可能让人记得住；你的热情和真诚可能让人记得住。

3. 你怎么说有时比说什么还要重要。我建议大家对着镜子反复练习，或者给自己拍视频，录下你介绍自己的样子。根据你见面的对象的不同，把开场白做少许改变，练到直到你的笑容、声音、语气，都是信心满满，自然顺畅为准。

4. 我想再强调一点，每个人都有自己的亮点，可是怎么说出来，用什么样的语言说出来，还是有一些艺术的。如果你只是说“我对花样滑冰有兴趣”，这个说法不够吸引人，如果你说：“我对花样滑冰特别有激情，每周都会花几个小时在冰上。”这样你的特点就突出了，容易被别人记住。比如我说：“我喜欢画油画。”这样人家印象不深。我说：“我特别钟情于画油画，从小没有画画基础，两年前才开始，边学边画，画画对我是一种治愈，让我有耐心，让我成为不完美主义者。现在我已经卖出自己的作品了。”这样一说是否就让人觉得画画是我很重要的一个特点了？

5. 我老公帮我练习哈佛商学院面试的时候，我喜欢习惯性地说：“我只是做了什么什么……”老公说：“你说你只是怎么怎么，这是中国人的传统的谦虚，可是你用这个词，人家会觉得你做得很普通，没什么特殊，为什么要录取你呢？”在写自荐信给面试公司的时候，我会写：我觉得（I think）我是一个执行能力很强的人。老公跟我说："你得说我坚信（I strongly believe）" 其实没必要在介绍自己的时候过分谦虚，请记住要用强烈的、正面的、肯定的词语，让对方感受到你的热情和自信。

有的人问："我觉得这么说有点假。" 我鼓励大家做真实的自己，只有真实的自己才是持久的。更进一步地说：我们不仅要做真实的自己，还要做更好的自己。这也是我们读这本书的目的。所以希望30秒自我介绍的练习可以帮助大家思考这个问题。

- **提升对话的能力**

我在得到开设的精品课《如何培养受欢迎的孩子》里，讲过如何用传球游戏教给孩子对话的能力。作为成人，你不需要真正地用做游戏的方式来训练，但是与人对话的原则你一定要掌握熟练。那就是不要问可以用"是"或者"不是"来回答的问题，要问开放性的问题，让对方能够更多地表达自己的想法。当你回答别人问题的时候，不要只说"是"或者"不是"这样的答案，而应该学会展开说出自己的想法、观点和感觉。

我举一个例子。如果别人问我最喜欢的地方是哪里，那我绝对不能只说"巴黎"，我会告诉他："因为巴黎是老公向我求婚的地方，对我有着特殊的意义。另外我所喜欢的地方要有历史、建筑、艺术、美食和时尚，巴黎恐怕是这几类的完美结合。另外不知为什么，一走到香榭丽舍大道上，我感觉自己的呼吸都是自由的，心情格外舒畅。所以我每年要去两三次巴黎呢。" 这样的回答就给了这个对话一个推进的作用，通过我说的以上几点，问话的人可以拾起任何一个线索来推进我们的对话，增进对我的了解。比如“巴黎求婚？太浪漫了！能给我讲讲吗？”，或者“我对法餐不很了解，法餐和其他西餐有什么主要区别？”或者“你最喜欢的博物馆是哪一个？”，或者“我从没去过巴黎，第一次去需要玩几天？”你看，这样一个话题，可以引申出很多聊天的内容。

好的沟通者不仅能够谈到事实层面，更能够谈到观点、想法的层面，甚至是最深的感情和情绪的层面。有了层层深入的对话，你和他人的关系自然会更加深入。

- **对突然提问的准备**

有人问我：“我一到正式场合被突然提问就会两眼发黑，头发懵，大脑一片空白，不知道说什么好。这个怎么破呢？”我告诉她：“你要平时练习总结的能力。”

有一次，我参加哈佛商学院组织的一次女性领导力的课程，在讨论案例的过程当中，有一位麦肯锡的合伙人，总是在大家讨论告一段落的时候，讲出自己对前面发言的总结，三两句话，精彩、对仗，把精要总结得很到位，大家都报以掌声。她给人留下了深刻的印象。

所以我给你的建议就是：如果不想担心自己大脑空白，不知如何回答问题，平时就要积极锻炼自己总结的能力。在开会听别人讲话的时候，心里一定要归纳出三条，可以是总结观点，也可以是自己的看法。这是一个锻炼自己逻辑思维的重要练习。另外，你也可以在会前准备几个问题，在适当的时机提问，这样就能变被动为主动了。

长此以往，你就会形成一种思维方式，头脑反应的速度就能提高，思辨能力也可以增强。就不会对突然的提问感到恐惧了。

第二，现场应酬的技巧

- **设定可行的目标**

有社交恐惧的人，需要给自己制定可行的目标。如果你只能接受小范围的聚会，就不要先拿百人大会去挑战自己。你可以找到一些小型的论坛去参加，逐步让自己适应社交活动。与其要求自己做穿梭于会场的交际花，不如要求自己和三个人建立连接，进行深入的交谈，并在会后继续跟进。可行的目标会减少你执行的难度，成功后，就能给你信心。

- **早点到达**

出席社交场合减少压力和恐惧的一个小技巧就是提前到达会场。如果你参加鸡尾酒会，你先到达会场，拿好饮料，选择一个让你觉得舒服的地方站立，然后和接着到来的客人闲聊几句，这就给了你几乎等同于主场的优势。你可以主动地去迎接后来的人，他们也会因为一进入会场就看到你而产生你是主人的观感，更愿意和你交谈。

- **带个朋友**

如果你实在担心自己在一个完全陌生的情况下被孤立而产生

尴尬，那么你可以邀请一个朋友和你一起参加活动。有了身边的友人，你不会陷入孤单无聊的境地，而且你们两个人一起移动到不同的位置，加入其他人的谈话，也将更容易。你可以通过介绍你的朋友给大家，增加和别人发生连接的机会。

• 着装

着装要用心思，穿着得体会给人一个好的印象。我如果去参加一个大型会议，我会挑选一个颜色明艳出挑的裙装。作为女性，我喜欢穿裙子，在这个男性为主的商业世界里，我不希望和男性混淆，显出女性的本色有时会帮助你。不要只穿黑色，在黑压压的会场，怎么才能让人注意到你呢？我喜欢白色，红色，黄色，即使穿着小黑裙，也会戴上鲜艳的围巾，让自己在人群中能够更艳丽。常常有参加会议的女士会过来夸奖我的服装，我相信男士也一定会注意到的。

• 微笑，聆听，提问

微笑，给对方一个发自内心的微笑，表示我是可以接近的。

真诚地对别人感兴趣。记住别人的名字。我自己记性不太好，所以我一般听到别人名字的话，都会问他们是哪几个字，或者英文怎么拼写，这样在脑子里加深印象，在谈话过程中，再重复一下他们的名字，才能保证印象深刻。

做一个好的聆听者，鼓励别人多谈谈他们自己。给人以认可和赞许。人际关系大师戴尔·卡内基（Dale Carnegie）博士说：每个人内心深处都是要得到别人的认可，要感觉到自己的重要性。

在聆听的时候，千万不要一心想着自己应该说什么，而没有注意对方的谈话内容。接着对方的话题继续问问题，让对方谈得尽兴才是关键。好的聆听者给人的印象是谦虚的，人更愿意与你交往。

你可能会担心和他人的跨界太大，没有共同话题怎么办？其实大可不必担心，只要你学会问对方问题，了解对方真正的兴趣点和激情所在，问你不懂的地方和感兴趣的地方，聊天真是可以聊一个晚上呢！

比如我见到研究大脑的科学家朋友，我就会问他最近的研究课题，他说的课题中我针对自己感兴趣的、想了解的东西，就会提问，好比“您用什么样的手段做这个实验呢？”“这个在鸣禽身上做的实验对了解人类的语言学习有什么样的作用呢？”“有没有一些文章或者研究您能跟我分享，让我对这个更了解吗？”

• 肢体语言，尽在不言中

你可能担心甚至恐惧社交，这在你的肢体语言中，有可能就会反映出来。比如如果你不愿意打开自我，对对方有戒心，你可能就会双臂交叉放在胸前，做出防卫的姿势。你因为不知道如何聊天，想早点撤退，可能就会左顾右盼，找个出口。这些都会给旁边的人释放信号，告诉他们你没有兴趣和他们开放地交流。

在应酬的时候，不要忽视肢体语言的重要性。不要双臂交叉，要放松，时不时点点头，眼睛要全神贯注在对方身上，不要左顾右盼。在对方说话的时候，你要看着对方双眼和嘴巴之间的倒三角的区域，如果你自己讲话的时候，你的眼神可以稍微看看其他地方，但很快就要把视线转移到对方脸上的倒三角区域。身体稍微倾向对方，表示投入和关注，但要给对方私人空间，不要凑得太近。学会轻轻地接触对方身体，最好是碰触胳膊肘，既亲切又不过分。

如果你想展示自己的自信，请双腿与肩同宽或者稍稍宽过肩站稳，左手可以拿着饮料，右手四指插到裤兜里，拇指露在外面，也可以双手做一些恰当的手势，不要手舞足蹈，把手的动作限制在身体正前方不超过肩宽，从下颚到胸之间的一个想象的盒子大小即可。

在大的社交场合下，不建议你面对面和一个人站着，这样不仅容易将口水或者食物喷到对方脸上造成尴尬，又可能让对方感到太亲密或有对抗性，而且这种站位不利于其他人的加入。建议你和对方身体各转 45 度，在你们之间形成一个直角，这样既能给予对方足够的关注，又是开放邀请的姿态便于其他人的加入，另外如果你打算移动到下一个地方和新的人见面，也方便你撤离这个环境。

不要害怕，肢体语言通过简单的练习就能掌握，只要你心里有这根弦，加上练习，在社交场合，就能最好地配合你的言语，展示你的自信和力量。

• 礼貌地离场

有的人说：“我容易陷入一个谈话当中，想走却不好意思走，怎么离场才不失礼貌呢？”让你的身体语言来帮你吧。你可以把脚尖转向他人或者门口的方向，眼睛离开对话人的脸，扫视一下房间，或者用视线去寻找吧台或餐台，或者用视线和笑容与远处的一个人打招呼。身体语言给对方一个信号以后，你可以礼貌地说：“不好意思，我要再去拿杯饮料，你需要吗？”“跟你聊得好开心。不好意思，我刚看到一个人，我得跟他去打个招呼，失陪了。”“很感谢您跟我的分享，过几天我们再找时间单聊。”

第三，采取主动

如果你想克服社交恐惧，我建议你做主动的那个人。主动打招呼，主动邀请，主动约饭。主动给了你主场优势，让你在气势上就胜人一筹，因为你的主动，你更有掌控感。

参加活动，早早到会场，主动和主办者打招呼，主动对后来人微笑点头，握手致意，主动获取对方的联系方式，主动在会后跟进，主动帮助对方介绍朋友，建立连接。这一系列的主动之举，让你在对方的脑海中留下积极、深刻的印象。

还怕什么呢？怕热脸贴上冷屁股？记住，你可能不知道，对方有可能比你还要紧张，还要不自信，更需要别人来主动“勾搭”。人一般都会对主动伸过来的手，主动投来的微笑，主动关切的眼神报以好感。所以你的目标就是要鼓起勇气，变成主动的那个人。即使对方真的没有给你相应的回应，那也没关系呀，因为本来你的社交目标也不是要把每一个人变成朋友，而是着重搭建几个有意义的深度连接即可。放松心态，放低标准，主动可以把你变成一个人脉达人。

第四，复盘总结，正向反馈

对社交恐惧的人，不需要一步登天地改造自己，每次集中精力完成一个小目标就可以了。

每次应酬归来，记住给自己独处的时间。在这段时间里，可以回想一下你的此次经历，复盘梳理，哪些做得好，有进步，哪些细节还有可以更好发挥的可能，或者有哪点应该下次注意弥补。

比如这次聚会因为和一个人聊得太久，没有来得及跟主办人打招呼，明天我要记得邮件跟进一下主办人，感谢她的邀请。或者今天 45 度角站得好，开放的姿势邀请到了更多的人参与话题。或者当时忘了介绍一个联系人给某某，下次见面我记得给他们做连接。或者今天远远看到一位女士穿得非常优雅大方，我应该让某某帮我介绍一下，要跟她好好讨教一下穿衣购物，等等。

每一次与人相处和搭建人脉的经历都是你的宝贵财富。特别是通过这样的接触让你把一个陌生人变成了熟人，最后还发展成了挚友的过程，会给你带来深深的满足感。你对自己的挑战，你的勇气，你的成长和进步，你积累的搭建人脉的经验和每一个小小目标的达成都会给你带来成功的喜悦。我们作为社会的人，就是从这个过程中，在与他人的相处中，逐步变成了更好的自己。所以，朋友们，别怕，克服恐惧，搭建人脉从今天做起。

事业转型，从搭建人脉开始

很多人在考虑职场转型或者创业的时候都会来咨询我："老师，我应该如何起步呢？"我的回答始终如一："不论是换工作，事业转型，还是创业，任何职业的变化，请你从搭建人脉开始。"

2009 年我生了第二个孩子，为了平衡家庭和事业，我决定离开对冲基金，自己创业，增加可控时间。

为什么我敢于跳出公司自己创业呢？

首先，我有经济后盾。先生当时在美国的大公司上班，有稳定收入和医疗保险。我相信即使自己一年内都没有收入，也是可以承受的。

其次，我在基金工作的时候，从政府官员到企业老总，积累了不少清洁能源领域的人脉。其中也有以前打过交道的老总直接跟我说："你要是离开基金，就来帮我做。"这些关系给了我开展业务的底气。

再次，我对自己的学习能力非常自信。不管是什么行业，什么技术，我很快都能掌握一些关键，即使面对客户的技术人员，我也可以正常沟通。

最后，我实在是讨厌自己的收入不能自己说了算的日子。我需要很强的自主性，不喜欢被别人控制。

说创业容易，但真要做，怎么开始呢？

首先我需要让身边的人和以前打过交道的人都知道，我现在要在清洁能源领域创业了，我需要寻找有这方面技术优势的公司，这些技术不能仅仅停留在实验室阶段，要在美国已经有了样板，但是这些公司还没有独立开发中国市场，或者开发能力还不强，需要我的帮助。把自己的意向告诉他人，就是希望对方能在脑子里上一根弦，如果将来遇到任何在这个领域的机会，别忘了我。

同时，我要对目标行业做一些调研和准备。我开始订阅一些报纸杂志和网上的信息，争取更全面地掌握行业信息。看看清洁能源领域中到底哪个方向的前景大，更容易找到突破口。

紧接着，我开始寻找正在从事目标领域或者能帮我搭桥到相关领域的人脉。这既考验了我以前在清洁能源行业里的绑定资本的深度，又考验了我寻找桥梁资本的能力。

万事开头难，我先从我所在的明尼苏达州贸易办公室和当地的中美联谊商会入手。我开始参加这两个机构组织的活动。通过这些活动认识一些与会人员，并且通过邀请他们吃午餐和主要领导人或者组织者建立了更加深入的关系。这些机构的负责人一般都是活动能力极强，社会关系广泛，并受人尊敬的人脉达人，因为他们的工作关系，可以接触到各行各业的公司和领导。所以和这些人的交往，就是我跨行业寻找机会的阶梯。

因为在大型活动中，那么多人的场合下没办法深入聊天，所以通过单独邀请他们吃午餐，我可以有机会介绍自己的背景，了解他们的工作和需要帮助的地方，同时请求他们看看是否有熟悉的清洁能源技术公司可以给我认识。

通过这样的方式，我开始有了第一批客户。我最初的客户包括美国垃圾堆肥技术公司和以色列的风电齿轮箱的研发公司。虽然这些客户都是非常小的公司，他们也付不了多少咨询费给我，但起码我把一只脚伸进了清洁能源领域的大门。更重要的是通过代理这些公司开发中国市场，我有机会认识了很多在国内的做相关领域的客户和政府领导。这些都为我后来的业务积攒了重要的人脉。

人脉就像滚雪球一样，只要你利用好每次和他人的接触，给别人留下积极、主动、靠谱的印象，很多人都愿意介绍他人给你，我发现帮助别人的愿望隐藏在大多数人的骨子里。

很多时候也是无心插柳的事。我原来做基金的时候，因为我们做的一个项目需要找一台锅炉，来申请美国政府的拨款。通过一个中间朋友，我找到了聚思的主席 Peggy，她认识一个风险投资基金的合伙人，这家基金投了一个做电厂环保改造的公司，那个公司的老板认识很多电厂，可能找到有锅炉的企业给我们。经过这三层关系，我和这家电力环保企业联系上了，所以你要相信“六度分隔理论”的魔力。

这个老板是一个美国人，第一次见面他就给我留下了热心助人的印象。他不仅帮我们找到了一台锅炉，还邀请我们使用他在中国的办公室，只要分摊极少的费用即可，我观察到他总是不吝分享人脉给别人，很愿意帮助他人搭桥。虽然后来那个政府拨款项目没有成功，但我一直跟他保持着联系，因为我很欣赏他乐于助人的品格。我每次到中国出差，都会邀请他一起吃个饭，或者到他办公室聊一会儿。

当我自己出来创业以后，我给他发了邮件，他马上回复，问我是否愿意帮他来做电厂改造项目的业务开发和销售。因为以前的交往，我找到了第一个长期合作的客户。

在我的公司运营的 9 年间，没有一个客户是从公司网站上找到我的，都是通过口口相传，朋友的推荐，人脉的力量无比强大。进一步想想，我所有的工作都是通过人脉推荐获得的，从来不是经过市场海投简历找到的。我的大学闺密推荐我去的 GE，我辅导的韩国学生招我去的 LG，在美国我同时被 5 个公司录取，也都是商学院的导师、校友还有教会的朋友举荐的。所以说你认识谁比你知道什么更重要。

假如你在考虑换一个公司，或者换一个行业，甚至开始创业，一定要从已有人脉开始，逐渐搭建新的人脉。不要以为向上社交一定是和领导、富豪或者新闻人物的交往，其实向上社交的本质就是跟比自己优秀的人做朋友。他们在某些方面比我们做得更好，或者做得更早，或者更幸运而已，所以我们内心不需要矮人一头，而是抱着了解对方、学习对方，创造一个双赢关系的心态去交往，往往可以事半功倍。

最后分享一下向上社交的禁忌，希望大家尽量避免以下行为，不要在不知不觉中得罪了对方，朋友没做成，反而给自己树敌。

极端功利和实用主义：用人在前，不用在后，所有的交往都是看到别人的价值才交往，没有价值，绝不理睬。这样的人不可交。

言而无信，诚信是我们与人交往的根本。我的原则是先信任一个人，直到她辜负了我的信任，我就再也不会信任她了。

舍本逐末，过分重视技巧：虽然我们讲了很多说话的技巧，开会的技巧，微笑，肢体语言等等，但是不要过分强调技巧，舍本逐末。本是真诚和价值，末是技巧。如果没有真诚和价值，光有技巧只能让人觉得我们油滑不实在。

妄议他人：这一点我们大家都要注意，背后议论别人，多半都会传到对方耳朵里，有可能还被添油加醋了。所以不要在背后说别人的坏话。

过分表现自我，盛气凌人，不谦虚，爱出风头，在国内一般不受欢迎。你谦逊的人格能让你更有魅力，但是谦逊不是故意贬低自己。如果别人夸你，你很诚挚地说谢谢您的夸奖，我还在努力，或者说我一直努力在这方面下功夫。而不是说我做得还不好。

举止失态：要穿着得体，谈吐不轻浮，不随便跟不熟悉的人开玩笑，当着矬子不说短话。喝酒要注意量，不要喝高了。

交浅言深；交情不到的时候不要谈更深的话题，特别是政治、宗教、私密等话题。不要给初次见面或者交情浅的人提所谓的“建设性”的批评。

第六章

饭局社交：用美食经营人际关系

中国古语说：民以食为天。这一句话概括了中国人对食物的态度。西方人对食物的要求和迷恋程度远远赶不上中国人的水平。比如在美国，冷牛奶麦片就是最常见的早餐，有时家长犯懒了，这甚至可以作为一家人的晚餐。至于工作午餐，最普通的就是冷三明治了，一个面包夹几片火腿肠、生菜和西红柿片，再来包炸薯片，一块巧克力饼干，就是美国人的一顿工作午餐甚至会议午餐了。这样的饮食习惯和饮食文化，难免要被中国人 diss（吐槽）。

中餐食材广泛，烹饪方法多样，口味差异大 。中国饮食文化历史悠久、博大精深，吃货众多。食物对于中国人来说，是人和人之间建立连接的最直接、最有效的手段。

了解了文化差异，你也就不难理解为什么饭局社交在中国文化中，特别是在人际关系经营当中的特殊地位了。

所以我要用这一章好好讲讲如何利用美食，有效地进行人脉搭建。

美食是最容易建立连接的话题

之前我做了一个关于人脉的快闪分享，有人问："怎么和现有的同事进行互动和连接？"

我说："这个容易，你可以从谈论美食开始。问问其他同事最喜欢哪个餐厅？如果你的同事在谈恋爱，那你就问问环境好的浪漫餐厅在哪里；如果是中老年的大姐大哥，就问问适合一家老小聚会、好吃不贵的餐馆有什么推荐；如果是年轻姑娘，就问问有没有新鲜或者很酷的年轻人常去的餐馆；如果偏巧你的同事是外地人，那就问问你们城市有没有做得地道的他的家乡菜菜馆。"

关于美食的咨询，能很快让你和同事的关系进入一个新的层次。因为光是谈论美食，就能给人很多联想，菜品的色香味形，餐厅环境，和谁进餐，各种美好回忆都被你的这一个问题勾出来了，对方很可能在回答问题的时候面色变得更生动，因为美食的美好记忆给他的大脑带来了愉悦感，和你的关系也更加融洽了。

当你真去了同事推荐的餐厅吃饭，别忘了回来向他汇报一下，告诉他你印象最深的菜是什么，问问他自己是不是漏点了什么招牌菜，如果他提到一些你没点到的，那你索性可以说："下次我还是叫上你一起去吃，有美食家跟着，我点菜才放心呢。"看，只是询问一次餐厅，就能把你和同事的关系拉近很多。

每次我出差到分公司，都会问当地的同事："你们这边有什么特色菜，给我介绍介绍？"或者干脆让他们带我去吃当地有特色的小店。我到武汉试吃 N 种热干面，到天津，大早晨去吃嘎巴菜，到了西安，就跑去城里把羊肉泡馍的馍掰得像当地人一样的碎。每到一地，好吃的本性让我有很大的动力去尝试新鲜的食物，这本身也是让我能和别人增强连接感的一个工具。

我不仅爱吃，还爱把吃过的食物分享出来。在朋友圈里我总是会分享一些美食的图片，有的是我到各地旅游时吃饭的照片，有的是我在家烹饪的作品，有的是我在家开大派对时美食的展示。这样我给大家的一个印象就是美食达人，这也形成了我的一个标签。如果朋友去某地旅游，她们会马上私信我："我要去伦敦了，上次你提过的那个印度餐厅的地址能否给我发一下？""看你又在巴黎了，赶紧把巴黎美食攻略发给我。""我要在上海请客户吃饭，哪里体面又好吃？"

这样，我就变成了美食信息中枢，成了"专家型"的人才。只要大家有关于吃的问题，他们都会主动想到我，向我求助。你没想到吧？仅仅是爱吃，注意积累，积极分享，就变成了可以随时为他人提供的价值。

我也有很多爱晒美食的朋友，当她们晒米其林餐厅或者是发在国外旅游时用餐的照片，透过一些蛛丝马迹，比如餐厅的蜡烛、盘子、餐布和食物等等，我就能猜出她们是在哪里吃饭，我就会在点赞时说一句“我也最喜欢乔·卢布松（Joel Robuchon），只不过东京的店我还没去过呢”或者是“记住在这家别忘了点她们做的西施乳”。这样的评论，更加巩固了我在大家心目中的美食活地图的地位。

当然我还在不断学习中，除了多吃、多尝试以外，我还密切关注餐饮界名人的微信，比如董克平老师，小宽的一大口美食榜，北京、上海、南京的几位高级厨师，多看看他们在吃什么，在做什么，听他们讲餐饮文化和知识，也是我增加阅历的一个捷径。当然我可不是仅仅默默地关注他们，我会时不时和他们积极互动。比如看到他们晒了一个新菜，我就会问：里面看着不熟悉的食材是什么？看他们晒自己去国外吃的一道菜，我就会评论一句：“这个菜旁边的装饰是酸口还是甜口？”或者我会发几个非常规勺子的照片，请教西餐厨师这些勺子到底是做什么用的等等。和餐饮美食达人的互动以及参加他们组织的活动也是我变成人脉圈里的“美食专家”的一个重要手段。

食物，是人类生存的基本需要，在今天的社会里，更是把人和人连接起来的重要工具。要学会搭建人脉，希望大家学会巧用这个工具，让它发挥出效力。同理，如果你有其他方面的兴趣爱好，也争取多参加相关活动，多认识那个领域的大咖或者 KOL（意见领袖），和他们积极互动，多多学习，很快你也能成这方面的专家。

主动组局，掌握饭局自由

有人说：饭局自由是高层次自由的表现，比超市自由高档多了。一个饭局发出的关于油腻、权势和女性角色的讨论，以及几年前被人偷偷录像传播的高危饭局等等，都提醒我们要重视和谁一起吃饭这件事。

我们每个人每个月都要无可避免地加入一些和同事、老板、客户、亲戚、同学、朋友等等在一起的饭局。你喜欢对方，自然是欣然赴约。如果你不喜欢对方，但又有利益关系，不能拒绝。还有与对方不熟悉，担心没话可说，硬着头皮去的。当然那些既不重要，也不喜欢的，你肯定会拒绝。

我想教大家如何选择自己的饭局，把和谁吃饭的主动权抓到自己的手里。

想把握主动权，你要学会组局，邀请他人吃饭，和谁吃就是你做主了。邀请什么人呢?

第一类：对你目前工作、生活很重要的人。

饭局是你和重要联系人进行沟通，加强联系，增进友谊和关系的重要手段。如果你认为一个关系对你很重要，比如潜在的客户，你却连饭都没和对方吃过的话，那么这个关系的深厚程度就很值得怀疑了。中国人习惯上是在饭桌上把感情谈好，生意上的事上了谈判桌也就容易得多了。

第二类：你喜欢的人。

你喜欢的人包括朋友、要好的同事、同学、亲戚等等，和这一类人聚会吃饭，不一定要讲究频率，几个月甚至半年一次都没问题，不一定要特别讲究地点和菜肴，关键就是说话聊天叙旧。和喜欢的人相聚，就是身心愉悦的事情，我们也借此机会积蓄能量，分享信息，沟通心意。

第三类：不熟悉，但是感觉有趣的或者可能有用的人。

在其他社交场合认识的人，尤其是大的会议、论坛 、鸡尾酒会等等认识的一面之交，如果你有兴趣对他进行深入了解；或者是经他人介绍的目标人脉，你可能有和对方合作的机会，在线上联系积极沟通过几个回合之后，那么邀请对方吃午餐是最合适的下一步。

怎么邀请别人吃饭才能减少被拒绝的可能呢?

第一，可以找共同认识的朋友一起吃饭。

一次，我想请一个合作单位的领导一起吃饭，可是以前并没有见过几次面，就担心自己没法把他约出来。所以我就想起找一个我的朋友，也是他以前的老领导做中间人，成功地邀请了贵客出席。

第二，找离对方工作地点近的地方，从午餐约起。

当你到合作单位附近办事的时候，还有什么比这个理由更容易邀请对方出来吃饭的呢？最好在前一周的周五，对下一周的饭局发出邀请："您好，我下周三正好到您公司附近办事，不知午饭您有安排了吗？想和您在附近吃个便饭，聊一聊。"

当然，如果你是专程去拜访，又不想对方太严阵以待，也可以托词说自己顺路去拜访的。同样，如果你希望对方感受到自己的重视，那一定在约请的时候让对方感受到正式，不是顺便拜访的："您好，非常感谢您对我工作的支持，下周您何时有空，看看是否可以一起吃个饭，很想当面和您聊聊工作的进展。"

第三，邀请的时候讲清楚见面吃饭的主要目的，要搞清楚自己能给对方带来什么价值，也要清楚自己需要从对方那里获得什么帮助。

我曾经有个学生，因为考虑到自己的潜在业务需要，想和当地的一位人脉达人吃饭，于是她发了个微信说："姐，您最近档期如何？有空聊聊呗？"结果对方哈哈了几句，根本没接她这个茬儿。

我告诉她一定把见面目的和你想聊的事情告诉对方，才好约到这种不是很熟的人，在这样的邀请短信里面，也可以间接地提出你自己的价值。比如她可以说："姐，我最近在 XX 银行做私人银行的开放业务，因为您的人脉广泛，很想跟您取取经，也看看我能对您的业务有什么帮助没有。您下周有时间一起吃个饭吗？"这样，很快，她就得到了积极的回复。

第四，邀请一些可能有合力的人一起吃饭，告知被邀请者其他一起出席的人，可能会引起他们的兴趣。

一次我回国出差，很想请帮我编辑公众号的小编，还有常常帮我发稿的大的平台的编辑们一起吃个饭，表示感谢。我和她们之中的很多人都是网上联系，并没有见过面。因为他们都是 90 后，他们会不会觉得跟我这个 70 后的作者"阿姨"没的说呢？为了增加邀请的吸引力，我告诉她们每个人，我除了邀请了她本人，还邀请了其他几位新媒体大号的编辑同行，希望她们之间也能擦出火花。结果我成功地请到了九位新媒体年轻的编辑，聚在一起吃了个午餐，年轻人在一起能量巨大，气氛热烈。

尝试过以上几个技巧之后，即使被对方婉言谢绝，也不要灰心，除了吃饭，也有联系感情的其他方式。比如一次朋友问我，她非常想进一步了解一个人，想请对方吃个午餐，可是对方拒绝了，怎么办？我说：其实你可以跟对方联系一下，就说最近看了一本特别好的书，很想推荐给她，于是快递一本给她，表示出自己的心意是想着对方的就好了。

除了主动组局掌握主动权以外，无奈，我们的生活中还是会参加一些被动的饭局，你被邀请，参加与否要看你的时间安排以及对方和你的相关程度，如果你觉得饭局的参加人对你本身的工作生活不能有所增益（包括形而上的和形而下的），并且人本身也很无趣，甚至没有正能量，那就婉言谢绝好了。

知道增什么，减什么，学会怎么增，怎么减，你才真正拥有了饭局的自由。

去哪里吃饭最得体

针对商务宴请，你要招待重要客户，理论上来说，一定要找个高端大气上档次的餐厅，越私密，服务越周到的越好。高档餐厅，酒店的中餐厅，会所，一般包房较多，适合商务宴请。

但是常常参加商务宴请的人都有一种明显的感觉，就是一般这种餐厅在食物上都没有什么特色，你要是问他们吃过什么了，往往他们会两眼茫然，绞尽脑汁也不记得。我只能说：希望你们的谈话内容足够有趣，能给对方留下深刻的印象。

其实每一个关于美食的记忆都是和人相关的。不论是商务宴请，还是朋友小聚，你在哪里，吃了什么东西，和什么人在吃，吃饭的时候有什么特别的话题，是一个整体的记忆。你如果想给别人留下美好的记忆，不光话题要有趣，在哪里吃饭，吃什么，也是相当重要的，都可以给你加分。

在你所在的城市，希望你拥有一份属于自己的美食地图。这份地图怎么来的呢？比如我一回北京，就会买一本《Time Out 北京》(*Beijing Time out*)，看一看哪些餐厅上了榜，哪些餐厅新开张。再看看几位餐饮达人（董克平老师，小宽等）的微信、微博，看他们推荐什么，去哪里“拔草”了，我就默默地把餐厅和菜品收藏起来，以备下次请客之用。（看，有美食界的人脉达人在自己的朋友圈里面确实是一种福利。）每次我去新餐厅拔了草，都会在心里记下来一本账。

比如：

拾久（北京东三环双井附近）：新北京菜，有包间，环境高雅，价格适中，菜品卖相和味道俱佳，山楂鹅肝、海参烧烩爪尖、拔丝榴梿和烤鸭必点。

夏宫（国贸中国大饭店）：淮扬菜 / 粤菜，包间大厅环境俱佳，商务宴请消费，尤赞淮扬菜，糖醋大黄鱼，红烧小黄鱼，大煮干丝，清炒河虾必点。

北京京深海鲜批发市场（南城）：海鲜，环境适合朋友聚会，不适合商务宴请，食材新鲜，价格便宜。

江户前寿司（望京店）：日本居酒屋和寿司店，菜品丰富，有包间，人均 200 元，食材超赞。

江南灶（南京香格里拉酒店）：侯新庆师傅主理，地道淮扬菜，菜品极佳，环境好，价格亲民，值得高铁专程前往。

和不同的人吃饭，只要知道和对方见面的地点，对方喜欢的菜系，我随时可以挑选出美食地图里面的餐厅推荐给朋友或者宴请客户。在这些餐厅吃饭，就餐环境，特别是菜品，都会给人留下深刻的印象。

请客吃饭不要光考虑餐馆名气，建议一定去你已经踩过点、吃过饭的餐厅，这样环境和菜品都有基本保障。

其实我也有过几次尴尬的经历呢！

一次我邀请重要客户去大董烤鸭店吃饭，还定了包间，结果发现定的四个人的包间真的除了四张椅子外再也放不下什么了，空调又不好，弄得几个客人吃得大汗淋漓，好不狼狈。还有一次，我邀请了10个人聚会，选在了一家大众点评口碑不错的淮扬菜餐厅，可是一到地方，才发现包间本来只能给8个人坐，而且菜单上菜品比较单调，这么多人不仅要挤着，还没有太多可以吃的东西。虽然大家的谈话很愉快，但作为召集人，我还是深深地自责。吃一堑必须长一智，自己一定要把准备工作做充分，才能请客人吃饭。

还有一个加分项，就是如果你认识餐厅的主厨，在那里请客就更棒了。认识主厨，他可以提前帮你安排最好的座位，提前定好菜品，帮你搭配好，保证你既有面子，又绝不至于破产，还可以帮你准备一些特殊菜肴，让客人尝鲜。席间主厨还会出来和你寒暄几句，问问客人吃得怎么样，这不是米其林三星餐厅的待遇吗？你作为主人，请客既有面子（体面）也有里子（经济）。所以记住，一定要去结交一些餐饮界的人脉达人哟！

早、中、晚餐如何选择

早餐

早餐时间仓促，以一小时为限，适合在时间紧迫的时候，和那些比较熟悉的，又因为工作原因必须见的人约。不适合约初次见面的人吃早餐。第一，时间短，不利于初识者从容聊天，打开自我。第二，让对方大老早地从家里出来和你吃早饭，你一定要有一个足够好的理由。和熟人朋友一般也不会约早餐见面，有多么重大的事情要把人从家里揪出来和你吃早饭呢？

早餐一般选在你或者客人住的酒店的自助餐厅，大家自由选取食物，然后拿到座位上边吃边聊。记住，千万不要因为酒店早餐样式丰富而让你迷了眼睛，频频出手去装满一盘一盘的食物。因为会面时间短暂，你最好只拿几样吃起来方便的干货，不要汤汤水水，沥沥拉拉地吃，吃相差容易给人不好的印象。吃一些简单的食物，吃不是重点，把时间集中在聊天上面。

早餐见面谈事的目标极其明确，所以用不着太多的寒暄，直入主题即可。在谈完正事以后，如果还有时间，可以唠几句家常，约下次见面。别忘了一定要感谢对方大早晨出来和你会面的辛苦和诚意。

午餐

午餐能规避话题不足的尴尬场景。因为晚餐的时间相对较长，起码两个小时起，如果过早结束，双方可能都不尽兴。参与者要有足够的话题来支撑场面，不能出现冷场的情况，对话题的准备要求非常高。而且本来是弱连接甚至陌生人，谈话契合度需要考量，我一般不会冒着尴尬的风险和陌生人吃晚餐。而工作午餐适合没有深交的人，在一小时内，高效地聊天，即使因为种种原因，话不投机，也不至于感觉到煎熬。而一小时的时间，又可以轻松地涉及几个不同层次的话题。

午餐可以高效地增强弱连接的关系。通过一次工作午餐，你可以和跨部门的同事建立更多的信任，促成未来更好的合作关系；可以和潜在客户深入讨论合作的可能；可以向顾问请教你要了解的知识；可以和主管部门或协会的领导在不违规的情况下增加了解和沟通；更可以和有趣的灵魂建立起更深的联系。不论一对一，还是多人聚餐，都是一个在最短时间内高效连接的好机会。

午餐成本较低。因为午餐一般在工作地附近解决，所以不一定去最高档豪华的场所。人们不会在工作日的大中午去喝酒，省了昂贵的酒水费用。

午餐不占用个人和家庭的时间。毕竟午餐的一个小时包含在工作日程之内，而晚上很多人（尤其妈妈们）更想回家照顾孩子和家人。所以接受午餐邀请的概率要比晚餐大很多。

与异性吃饭，午餐更得体。请异性吃饭，我总会首选午餐，大白天的，光明磊落。避免和异性单独吃晚餐，即使是非常熟悉的客户相约晚餐，如果不是多人参加，我就会邀请对方的配偶一起，或者我自己带着配偶一起，以免被对方误会，也免得招来闲话。

我们每个人的人脉网络中，弱连接是绝大多数。如何增进与弱连接的关系呢？邀请 TA 吃一个小时的工作午餐轻松搞定。

午餐的主要目的就是能够高效地利用时间来充分了解对方，不仅仅停留在工作等表面话题上，更可以深入到生活的各个方面，深入到对方真正关心的话题上，与他人建立一个更加深层次的关系。

邀请什么样的人一起单独吃午餐呢？我一般不会邀请已经合作的客户单独吃工作午餐，这种生意关系已经存在了，大多数情况我们会在客户公司的食堂或者双方办公室附近和整个团队一起吃午餐，加强两个团队的友谊和合作。

我喜欢邀请跨部门的同事，潜在客户，潜在合作伙伴，顾问，行业管理机构的领导、行业协会的领导和干事，在大型活动上遇到的不一定与我的业务有关但是有趣的人一起单独吃午餐。为什么呢？因为午餐的邀请让对方感觉更随意，不会觉得太过正式，如临大敌。午餐安排在离对方近的地方，有利于对方安排时间，这样不熟悉的人不会以忙来推脱，“再忙也得吃午饭不是吗？”一对一的午餐同样让对方感到你对他的重视，也有利于充分利用一小时的时间更深入地交谈。

晚餐

晚餐在最近几年公务聚餐中逐渐减少。一个是政府廉政的倡导，另外大家也意识到身体的重要性和与家人在一起进餐的重要性。所以能约出来晚上吃饭的，不是亲密朋友，就是非常熟悉的客户。

晚餐一般要进行两到三个小时，时间投入大。你必须要有话题能够撑那么久，因此不适合和客户吃一对一的晚餐。如果是一大桌人吃饭，就比较容易应对了。

在中国的餐饮习惯中“无酒不成席”。没有酒精就没有气氛。你不一定要喝，但你这一方一定要有能喝的同事代替你来调动气氛。人喝了酒以后感觉更能敞开心扉，说话更是放松开放一些。中国这种传统的酒桌文化我就不多说了。对于不喝酒的女性，好比我，不是不喝酒就不能去应酬了。我因为宗教原因不喝酒，对一般客户，我直接说酒精过敏或者因为宗教原因不喝，大家也不会强迫我喝。虽然不喝，但是以水代酒敬酒仍然要主动，给合作单位的领导和团队敬酒，表达了尊重。

不管你酒量大小，一定注意不要喝多，喝断片，或者酒后失态，都会给别人留下不好的印象。

因为晚餐最为隆重，所以我不得不提一下点菜要记住的几个重要原则。

点菜首先要谨让客人点，客人如果不好意思点贵的主菜时，你要伺机添上。只有客人拒绝或者推脱说不会点的时候，你再来点。

点菜前做好功课，不论你是否去过这家餐厅，都可以看看美食达人的美食地图和餐厅点评，或者就用大众点评网或者美食林，看看有哪些推荐菜式。记住，不要当着客人说："我看到大众点评上推荐这个菜好。"点菜要点得胸有成竹，你可以说："那我就点几道这里味道好的特色菜给您尝尝。"当你点菜点得好，客人吃得舒坦，也会在心里给你加分。

除了一般大家都知道的荤素搭配以外，记得一定要点一两道大菜，比如说在北京的大董吃饭，和一般朋友点烤鸭就是主菜，但宴请重要客户，你就一定要点他家的董氏烧海参。在吃淮扬菜的时候，一道鲥鱼那也是不能少的。没有了主菜，这桌酒菜就好像少了魂魄一样，压不住台面，客户也会觉得你小气。点菜的多少要看餐厅菜量的大小而定，以丰盛不浪费为标准。

饭局中谈什么话题最为合宜?

话题的准备工作占成功的 80%。

美国的约翰·鲍威尔（John Powell）在他的《为什么我害怕告诉你我是谁》的书中分析了人与人沟通的五个层次。我们可以把这五个层次想象成洋葱的不同层。

最外面的第五层：客套话“你怎么样？”“忙吗？”问这种问题的人从来都不会真正要听你的回答。

第四层：闲话别人，议论别人，制造传闻，但不涉及自己。这个也很容易，聊跟别人相关的事实还不是信手拈来吗？但当这种闲聊变成传闻和绯闻，对人对己都不好。

第三层：想法和判断。到了这一层，就开始接触到真正的沟通了。人们开始分享自己的想法和意见。人还是会有一定程度的忧虑和戒备，如果遇到不同想法，为了避免异议，会顺从别人论点改变口气，试图避免冲突和批评。

第二层：感觉和情感。我们开始分享自己包含在思想和意见下面的深层感觉。很多所谓的朋友其实都很少能达到这一层的交流。

最深层次的沟通：要求分享完全的情感和完全真实的自己。分享自己最深层的感情和情绪给他人并不容易，因为我们都不想暴露自己最脆弱的一面，怕被他人评判，被他人拒绝。真正的亲密朋友和家人才可以做到“我能告诉你我的真实所想而不被你评判”。

与弱连接吃饭，我们的目的就是在一顿饭的时间内，与他人从洋葱的最外层——肤浅的客套话，深入到能够分享自己的想法和判断，甚至深入到感情和感觉的层面。

寒暄客套，或者闲话和评论别人，都不能给对方留下深刻的正面的印象，所以吃饭时的交谈要避免这两类谈话内容。约见对方之前，准备几个跟你要谈的工作、事务相关的话题，以请教的姿态去提问；或者根据时事新闻和对方交换看法和观点；抑或交流一些生活层面的兴趣爱好、周末活动等轻松话题，这些都会很容易地帮你过渡到第三层的沟通当中。

小迪（化名）经我介绍，要和她公司的一个高层（也是我的同学）见面，想获得一些事业路径规划的建议。她事先去餐厅踩了点，做了点菜的功课，但是见面回来给我反馈说："老师，我的话题准备少了，我准备了五个问题，结果饭吃到一半就聊完了。"我安慰她："最简单的对话可以从美食谈起，一边吃饭，一边谈论一下食物，推荐一下你们公司附近你最喜欢的餐厅等等。提前可以准备好十个不同类型的问题，从职业路径，到职场技巧，从女性生活，到兴趣爱好，从育儿教育，到服装搭配等等，有备无患。虽然你更多地是想咨询对方，多聆听，但同时你也要坦诚地分享自己的看法，这样才能有来有往，才叫交流。没关系，这次起码是一个很好的尝试。"

如果想真正把对方变成朋友，那就必须准备和对方分享自己的真情实感，进入到第二层的沟通。对事业发展的真实想法及情感，对子女教育的焦虑或者心得，对父母健康和养老的担心和矛盾，对生活激情的探索和寻觅，这些都可以作为饭局分享的深层次话题。

旧金山大学的吉姆·泰勒（Jim Taylor）在“今日心理”网站上说：“情绪的公开化自然会带来一定的风险，使你自己显得软弱，而且你不知道这种情绪上的暴露是否会被接纳，得到回应，还是被拒绝，被曲解。”

但伊利诺伊州立大学和加州州立大学洛杉矶分校的研究表明：暴露自己柔软内心的上述风险是值得承担的。情绪的公开和外露在社交中更容易受人欢迎。有时暴露自己的不完美反而会让别人感觉你更真实，也更容易喜欢你，愿意和你接近。当然首先他们要认为你是有能力的人，这就要看你是否能把自己的优势和能力成功地展示给对方了。

饭局的核心就是在充分准备好话题的情况下，在一个比较轻松的环境中，与不熟悉的人深入地交谈，通过分享观点、见解、情绪、情感来递进到更深层次的关系中。从弱连接向强连接迈开第一步。

后记

我为什么要写这本书

2016年5月5日，我母亲在和癌症斗争了一年多后终于离开了我。在之后半年左右的时间里，我把自己的环保技术咨询公司的业务量降低到了两个客户的日常维护。除了客户要求必须做的工作和照顾孩子、先生外，我真的怎么也提不起兴致做任何事情。

人过了40岁，又经历了至亲的离别，我问自己：到了自己离开这个世界的时候，我会留下些什么？人们会记得我什么呢？Have I touched people's lives in a positive way?

人们会记得我完成了多少销售业绩？还是会想起我负责了多少项目？促成了多少生意？我想这些都不重要，我不求作为社会领导者改变所有人的生活，只求能够在生活中，在和每一个人接触的过程中，给TA一些帮助，带来一点光，一丝正能量，就足够了。

2016年夏天，我偶然在朋友圈看到哈佛学妹洪宇在一个叫作niwo女性成长学院的地方做了一次沙龙分享会，从照片上看很有气氛，而且我对女性成长这个角度很有兴趣，所以就联系学妹，问问她这个机构到底是怎么回事。她说："这是一个创业公司，聚焦帮助女性自我成长和女性相关的话题。我把你介绍给它的创始人Amy吧。"

于是，在八月份，我和Amy加了微信。在我们第一次电话中，我开门见山："Amy, 我是洪宇的哈佛学姐。我对你办的女性成长组织很感兴趣，我能帮你做点什么吗？"这一次电话，感觉Amy办事很爽快，也有情怀和目标，我很喜欢。Amy和我商定，我可以帮她做一些线上的课程设计，加入她的智囊团，帮忙出出主意。这样的无偿志愿者工作正好是我在当时的情境下，可以接受的模式。自己能出一份力，又不需要有太大的承诺，没有压力。况且我也不知道自己到底能帮这个线上知识付费的公司做些什么。

一晃几个月过去了，11月初，我开了一个公众号，起名"康妮美国频道"，想把我对美国的一些观察分享给大家。我写了美国大选，美国的种族歧视，美国私立和公立学校的对比，以及对孩子练钢琴的一些思考。

12月，我开始帮niwo设计四堂关于婚姻关系的课程。在和讲师沟通的过程中，我给他们出了一个关于课程构架的主意，并且提出是否可以在第二堂课讲夫妻相处的时候，讲一讲《爱的五种语言》这本书，因为这是对我的婚姻关系影响最大的一本书。

Amy 便邀请我在课堂上做 20 分钟的分享。

我以前从来没在网上做过直播，其实心里蛮紧张的，所以就写了逐字稿，在分享的时候干脆念稿子。从最开始生硬地念，到后来慢慢打开自己，加入自己的情绪和口语，分享完，不论是自己的感觉，还是 Amy 的反馈，都非常好。我想，既然这个话题可以让人觉得有启发，那我干脆就把它分享出来，给更多的人看吧。

这篇稿子在“康妮美国频道”上一发表，有上千位读者看了我的文章。首先是父亲打电话给我，他说：“你以前跟我说过这个爱的五种语言的理论，但是我没有太注意，这次看到你的文章，发现对我也很有启发。”父亲的肯定让我更加坚信，这个分享肯定会对更多的人有所帮助。我就把稿子投给另外一个大的公众号平台“奴隶社会”了。

没想到“奴隶社会”很快回复，决定采用这篇稿子。这篇文章在 2017 年的情人节之后发表，一下子有了 6 万多的阅读量。这对我来说是莫大的鼓励，尤其是很多读者的留言，说起文章给他们的启发，让我觉得做这样的分享是有意义的。

我从小被母亲培养写作，中学时真正爱上了文字，生活中的各种经历和挑战又促使我去学习，引发我去思考，还喜欢和闺密们分享心得，做知心姐姐回答问题。如今把这个写作的兴趣和帮助启发别人的愿望相结合，给我带来了非常大的成就感。

我开始把自己的职场经历写出来，首先是人脉管理，我最有心得的话题，所以一气呵成，完成了一篇 6 000 多字的长文，被

“奴隶社会”转载。看到我写职场内容，“奴隶社会”的编辑好意地把我推荐给领英中国的编辑团队，为我建立了这个桥梁，我就开始给领英投稿，甚至开始为他们写原创作品，到了2017年的夏天，我成了领英的专栏作者，定期要给领英写原创稿。其他许多大小公众号也开始转载我的作品。

2017年4月Amy问我是否可以在成长学院教课，我说：“如果是讲人脉，那绝对没问题，我对此有太多的心得可以分享了。”于是我们一拍即合，在7月份开了第一期人脉直播课——《哈佛商学院的人脉搭建法》，招了将近200名学生 。

写文章和讲课，是相辅相成的。我慢慢聚焦在职场、教育和情感三个主题上面。职场的文章，我会选择领英首发；情感类我会首选“奴隶社会”；教育的话，外滩教育，少年商学院，还有实体杂志《菁Kids》发表了不少我的文章。慢慢我明白了，其实写作和讲课也是我对母亲的一种纪念，因为是她教我写作，她也是一位受人尊敬的老师。

niwo成长学院和它的创始人Amy是我的贵人。在这里我遇到了第一批非亲朋的读者，第一批学生，并且在做智囊的时候，结识了很多有意思的朋友。

虎皮妈是“虎皮妈的夜航船”公众号的主理人，优秀的作者，她把我推荐给了汤汤，一位资深独立出版人。汤汤说想帮我出本书，因为看到我在讲人脉课，书以人脉为主题就很不错。

汤汤以前是中信出版社的资深编辑，出版过很多畅销书，所以我觉得这个人信得过。后来通话和见面的时候，我对汤汤的印象也是靠谱、踏实、实干，她的经验可以帮助我少走很多弯路，所以我向她承诺做一本关于人脉的图书。

在我和汤汤见面三个月后，我一边写书，一边讲课，这时汤汤又介绍“罗辑思维”给我，给我创造了在“得到”讲授精品课的机会，并且协助我完成了精品课《如何培养受欢迎的孩子》的课程准备。

“奴隶社会”的一诺、华章、编辑啦啦和领英的主编梅梅以及她的团队小岳、冠男、可昕也是我的贵人，没有她们的认可和推荐，不可能这么快地扩大文章的影响力和打出品牌。

短短两年的时间，我从一个经营清洁能源咨询公司的创业者，转型为作者和老师，而且这么快地就建立了自己的品牌和口碑，这是我在开始写公众号的时候完全没有料到的。转攻自媒体是我一时兴起的业余爱好而已，没有任何战略规划，也没有打算靠这个获得收入，后来因为周围人给我的正向反馈，让我感受到了这件事情的意义和使命感，最终转化成我的激情。

在这个过程中，不能不说有很多幸运的成分，但是我更要强调的是：你认识谁比你知道什么更重要。生命中遇到的贵人会引领你走上完全不同的道路。人和人之间的缘分是可以创造的。如果你是正面的、积极的、靠谱的，其他人就会被你吸引。人和人聚在一起，就会产生合力，发生意想不到的效果。与其期待人生美妙的缘分，不如首先让自己变得更有价值。这就是我为什么要写这本关于人脉的书，希望读者能因此获益，收获精彩纷呈的人生。

特别感谢一直支持我的先生 Andrew，你的欣赏和鼓励给了我坚强的后盾。感谢我的父亲和已在天上的母亲，您的肯定和督促是我不断前行的动力。感谢我的儿子们 Alexander 和 Adam，你们牺牲了和我一起玩耍的时间来支持我写作，你们说我是你们的榜样的话语，温暖着我的心。

感谢好友陈茹多年的友情和对我写公众号的鼓励、指导和帮助，感谢效双在繁忙的工作之余帮我编辑公众号。

感谢从高中起就鼓励我写作，并且耐心听我试讲的刘瑜瑾、曹颖，感谢我的表妹 Nicky 帮我通读和纠错。

感谢上过我的人脉课和激情课的学生们，你们的故事给了我很多灵感，能给你们上课，看到你们把“知道”转化为“做到”，是最令我开心的事情。

感谢我的导师克莱顿·克里斯坦森（Clayton Christensen）和夫人克里斯汀（Christine），把耶稣基督的福音传给我，在我经历人生的重大选择时不断给我以指导，你们的谦卑和爱一直是我人生的榜样。

天父，感谢您给我的一切，让我在您的福音的指引下向着光。